La veritable *Fatalité de St. Cloud.*

A COLOGNE,
Chez les Heritiers de PIERRE MARTEAU.
MDCCXX

LA VERITABLE FATALITE' DE St. CLOUD.

Au R. P. . . . Religieux Jacobin.

JE m'adresse à vous sans vous connoitre mon Reverend Pere, car quelque recherche que j'aye faitte pour sçavoir le nom du veritable autheur du petit livre *de la fatalité de St. Cloud pres Paris* je n'ay pu encore l'apprendre, Mr. *Varillas* * l'attribue au P. *Bernard Guyart*, j'ay sceu par un Religieux de votre Ordre qne le P. *Quetive* du Convent de la rue de St. Honoré à *Paris* passe pour l'autheur de cet ouvrage, j'ay entendu dire d'ailleurs que votre P. *Nicolai* s'en est fait honneur & que de deux editions qui s'en sont faittes l'une à *Louvain* en 1674. que l'on pretend estre la premiere, & l'autre à *Paris*, le P. *Nicolai* qui a pris soin de cette edition de *Paris* la dattée de l'an 1672. quoyque faitte depuis celle de 1674. & je trouve dans cet ouvrage quelques locutions flamendes qui me font assés croire qu'il a eté composé par le P. *de la Haye Jacobin* de *Lille*, qui s'est certainement meslé de l'edition & de la distribution de ce livre & a fait plusieurs recherches à ce sujet.

* Histoire de Henry III. L. XI. à la fin.

Je vous passe les imprecations que vous faittes sur le lieu de *St. Cloud*, car quoy que cette petite ville ne soit pas cause du parricide de son Roy, c'est toujours une grande mortification d'avoir eté le theatre d'un coup aussy

aussy execrable, mais les autheurs & l'executeur ne se laveront jamais de l'infamie qu'ils ont encourue pour l'avoir comploté & fait executer.

Ne croyez pas je vous prie que je veuille vous noircir en particulier ny mesme en general, j'estime & honore votre Ordre & ceux d'entre vous qui y vivent en vrais Religieux : *Jaques Clement* s'est laissé malheureusement entrainer aux sentimens furieux qui l'ont porté à detruire son Roy, je ne regarde que son forfait & n'ay d'autre dessein dans cet ecrit que d'eclaircir une verité que vous taschez d'obscurcir pour detourner la honte que vous avez apresent de l'action horrible de votre confrere.

ARTICLE I.

Combien il est delicat de retater cet Argument.

VOus avez bien raison de dire mon R. P. qu'il est delicat de retoucher une matiere aussi horrible que celle du massacre du Roy *Henry III.* je croy qu'il auroit eté plus avantageux pour votre Ordre de garder en cela un silence respectueux. On ne vous en auroit pas asseurement fait un crime, le temps auroit pu insensiblement adoucir l'horreur que l'on doit avoir d'un si cruel attentat, mais en cherchant à justifier votre *Jaques Clement* vous reveillez la curiosité de ceux qui veulent penetrer dans de pareils misteres, & souvent la verité eclatte par les mesmes moyens dont on s'est servy pour l'obscurcir.

A R-

ARTICLE II.

Que Henry III. *a eté un des plus accomplis Roys de* France.

EST-ce ſerieuſement ou par politique que vous dites M. R. P. que le Roy *Henry III* a eté des plus accomplis ? c'eſt une verité que l'on ne ſcauroit conteſter que ce Prince avoit toutes les belles qualitez que l'on peut deſirer dans un grand Monarque, un bel exterieur, beaucoup d'eſprit, un grand cœur, de la Religion, de la juſtice, de l'humanité, de la magnificence, de la liberalité, de l'affection pour ſes ſujets, ſont des qualitez eminentes pour former un grand Prince, *Henry III.* les poſſedoit, quelques unes meſme au ſouverain degré, ſon ſeul deffaut etoit le penchant pour les plaiſirs, il y fut malheureuſement ſecondé par des flateurs de voluptez, il abandonna ſes vertus pour ſuivre les foibleſſes humaines, ſes mignons affoiblirent la grandeur de ſon ame, corrompirent la bonté de ſon naturel & profiterent de ſon humeur liberale, des Religieux, qui n'en avoient que l'habit, abuſerent de ſa Religion, & luy firent faire une infinité de penitences exterieures & ridicules qui ne ſervirent qu'à l'entretenir dans la debauche & à achever de corrompre un Prince qui auroit eté l'admiration de l'univers, ſi ſes grandes qualitez n'avoient point eté affoiblies par ceux qui auroient du l'exciter à les faire valoir.

Voila le veritable portrait du Roy *Henry III.* on ne peut pas dire qu'il ait eté un Roy accompli, il l'auroit eté s'il n'avoit point eté abusé par ses mignons & ses ministres, & flaté par ses confesseurs ou autres Religieux, dont il y en a eu de votre ordre * car tout le monde cherche à faire sa cour au Prince & à profiter de ses bienfaits, sans examiner le mal qui luy en peut arriver & à son peuple.

* Le P Olivier Beranger Jacobin suivoit la Cour du Roy Henry III & etoit un de ses predicateurs ordinaires.

ARTICLE III.

D'où vient que le Roy Henry III. *a eté si persecuté en son regne.*

IL n'y a pas d'autre raison de la persecution faitte au Roy *Henry III.* que la conduitte qu'il a tenue dans le gouvernement de ses Etats, ce Prince, corrompu par ses mignons, trompé par ses ministres, abusé par les directeurs de sa conscience, flaté par des bigots, volé par tous ceux qui l'approchoient, s'est attiré le mepris & l'indignation de ses sujets, les persecutions en ont eté la suite, elles commencerent par les medisances, on y adjouta les calomnies, on les prêcha dans les chaires de verité, la main de Dieu s'appesantit sur luy, ses sujets perdirent l'estime & la veneration qu'ils avoient pour un si bon Prince, sa Majesté fut meprisée, que pouvoit il attendre apres cela, sinon d'etre persecuté tout le reste de son regne: s'il avoit quitté ses dereglemens, pris de meilleurs conseils, chassé de sa Cour les traitres, les flateurs, les voleurs & les hipocrites, & qu'il eut mené une vie telle qu'un grand Prince doit mener, il auroit regagné le cœur de ses sujets & evité les effroyables malheurs qu'il s'est attiré par ses dereglemens & la conduitte la plus pitoyable du monde.

ARTICLE IV.

De la licence qui parut dans les ecrits sous le regne de Henry III.

VOus ſcavez mon R. P. qu'il n'y a qu'un moyen ſeur pour arreſter la liberté de la langue & la licence des ecrits, c'eſt de bien vivre, les Roys qui ſont plus expoſez à la veue de leurs peuples, devroient par conſequent eſtre plus circonſpects à ne les pas ſcandalizer, on leur pardonne aiſement les foibleſſes auxquelles ils ſont ſujets comme les autres hommes, mais on n'excuſe pas leurs exces & leurs dereglemens quand ils ſont horribles, non plus que leur mauvais gouvernement : on veut, s'ils abandonnent le ſoin de leurs Etats pour ſe donner tous entiers à leurs plaiſirs, qu'ils ayent au moins de bons, ſages, & fidels Miniſtres dont la voix ſoit ecoutée & ſuivie & non pas celle de jeunes etourdis & debauchez, qui ne ſont capables que de tout bouleverſer & de donner des conſeils auſſy pitoyables que leur conduitte eſt pauvre.

Si un Roy ne ſuit pas ces ſentimens on cenſurera ſes actions, on ſe contentera d'abord d'en parler à la ſourdine, enſuitte on eclatera en murmures, on fera des remontrances de bouche & par ecrit, elles ſeront moderées dans les commencemens, elles aigriront dans la ſuitte & à meſure qu'elles ſeront mepriſées & que le deſordre augmentera, on trouvera toujours des Imprimeurs pour les donner au public, & quelque ſoin que l'on prenne pour arreſter la trop grande licence de l'Imprimerie on n'y parviendra jamais tant que les desordres continueront, si on y reussit dans un Royaume, les Imprimeurs d'autres Etats s'enrichiront de la publication qu'ils feront des dereglemens des Princes voisins & des malheurs que les peuples en souffrent.

A la verité c'est un tres-grand mal que de decrier la conduitte des Souverains, sur tout quand on le fait par des veues particulieres d'ambition & d'interest, le Roy *Henry III.* a eu le malheur d'avoir, par sa mauvaise conduitte & son peu d'application aux affaires, excité l'ambition du Duc de *Guise*, les remontrances moderées qui luy furent faittes, venoient du zele de ses bons serviteurs, les outrées venoient de la part de ceux qui avoient dessein de profiter de ses foiblesses & de la corruption de ses ministres, apres l'avoir rendu odieux * à ses peuples.

* *Voyez* le proces verbal de Poulain cy devant p. 350.

ARTICLE V.

De la tenue des Etats de Blois *sous* Henry III.

CE n'etoit pas une necessité mon R. P. de parler dans votre ouvrage de la tenue des Etats de *Blois*, vous le faittes pour deplorer la mort d'un Prince genereux & d'un Cardinal son frere, est-ce que vous regretteriez la fin tragique de ces Princes qui, oublians ce qu'ils devoient à leur Roy, faisoient mille pratiques odieuses pour le detroner ? vous dites que *le sang de cette pourpre fut une cruelle comete de celuy repandu ensuitte dans toute la* France, *mais exageré avec trop de chaleur dans les chaires*, ainsy vous attribuez à la mort de ce Cardinal les meurtres & les cruautez exercées pendant les troubles du Royaume, com-

comme ſi l'ambition de ces Princes n'avoit pas eté la malheureuſe ſource des maſſacres que la guerre a attirez pour lors: vous vous contentez de dire au ſujet du Cardinal qu'*il ne put retenir ſa langue dans le rencontre douloureux de la mort du Duc ſon frere*, apparemment que vous ne ſcavez pas qu'outre les menaces que ce Cardinal fit de ſe vanger de la mort de ſon frere, il avoit dit pluſieurs années auparavant que s'il avoit la teſte du Roy entre ſes jambes il luy feroit une couronne de Moine avec la pointe d'un poignard: un homme qui ne reſpire que la vengeance & qui la couve longtemps dans ſon ſein, merite d'eſtre traitté avec la meſme rigueur qu'il auroit traitté les autres s'il en avoit eu le pouvoir, il eſt facheux que le Roy *Henry III.* pour ſauver ſa Couronne ſon honneur & ſa vie, ait eté reduit à la cruelle neceſſité de ſacrifier le *Duc & le Cardinal de Guiſe* & de ne l'avoir pu faire par les regles de la juſtice, ils n'en etoient pas pour cela moins criminels de leze Majeſté, & ſi la peine a precedé la condamnation, c'eſt que ces Princes avoient corrompu en leur faveur les peuples & les juges & s'ils avoient eté pourſuivis par les voyes ordinaires de juſtice ils auroient trouvé le moyen de ſe ſouſtraire aux chatimens qu'ils meritoient, ou pour mieux dire, on n'auroit point trouvé de juges qui euſſent oſé les condamner tant on avoit ſoulevé les eſprits de tous les tribunaux & les cœurs de tous les ſujets contre leur Roy legitime.

ARTICLE VI.

De la liberté que prirent les Predicateurs sous le Regne de Henry III. *tant devant qu'apres la tenue des Etats de* Blois.

C'Est avec bien de la justice mon R. P. que vous condamnez la licence que les Predicateurs se donnerent en *France* pendant le Regne du Roy *Henry III.* tous les autheurs qui ont ecrit sagement en ont parlé comme vous, on ne devroit pas permettre l'entrée de la chaire de verité à des gens passionnez jusques à decrier la vie des Princes.

Allons, s'il vous plaist, à la source du mal, & vous conviendrez avec moy, que les dereglemens du Roy dans sa vie particuliere n'etoient que le pretexte pour le decrier, l'ambition des Princes de *Lorraine* en etoit le veritable motif, ils avoient corrompu & mesme forcé des Predicateurs pour leur faire precher des medisances & des calomnies contre le Roy, si vous en doutez vous l'apprendrez de Mr. le Duc de *Nevers* qui ne peut vous estre suspect, il en parle ainsy dans son traitté de la prise des armes. * *Quelle impieté voulez vous plus grande que d'induire, voire forcer par argent & benefices les Predicateurs de laisser d'anoncer la vraye parolle de Dieu en la chaire de verité pour prescher mille menteries & vanitez & amuser le peuple & se sont servis des invectives mensongeres qu'ils ont inventées ou qu'on leur a baillées par ecrit pour susciter la sedition, au lieu de se servir des textes de la sainte ecriture pour maintenir chacun en la crainte de Dieu.*

* Mem. de Nevers T. 2. p. 100.

Vous

Vous en trouverez encore une autre preuve dans le proces verbal de *Poulain* où il parle ainsy * *les Predicateurs se chargerent en leurs sermons de parler fort & ferme contre le Roy, le denigrer envers le peuple plus qu'ils n'avoient jamais fait & ce pour provoquer le Roy à faire prendre quelqu'un d'entre eux afin d'avoir sujet de s'elever contre luy, ce qui advint enfin par la seditieuse predication d'un des leurs à* St. Severin *auquel ils firent vomir en chaire tant de vilaines injures contre le Roy que sa Majesté fut contrainte de l'envoyer querir pour parler à luy.*

* Voyez cy devant pag. 153. & 154.

Les Predicateurs de ce tems tels qu'ont eté *Guincestre*, *Boucher*, *Poncet*, *Pigenat*, *Commelet*, *Cueilly*, *Lucain*, *Aubry*, *Feuardent*, *Rose*, le petit *Pere Bernard* & autres ont eté assés corrompus pour abuser de leur ministere, les foiblesses du Roy ont eté le pretexte & le sujet de leurs predications Diaboliques, les Princes *Lorrains* & leurs agens en ont eté les instigateurs & par consequent ont du devenir l'horreur de toute la *France* pour avoir prodigué les finances & distribué les Benefices a des gens corrompus & propres à servir la passion, qu'ils avoient de regner apres avoir detroné leur legitime souverain.

Le Roy n'employa que la douceur pour appaiser ces esprits echauffez & les faire rentrer dans leur devoir il envoya mesme à *Rose* de l'argent pour en achepter du miel & du sucre * & adoucir l'aigreur de ses paroles, le mal augmentant il les menaça que s'ils y retournoient il prieroit sa Cour de Parlement de luy en faire justice.

* Journal de Henry III p. 56. & 97.

Si ce Prince, trop bon envers des sujets qui ne prechoient que la revolte, eut agi com-

comme a fait depuis le Marechal de *Matignon* qui ayant appris que deux Cordeliers avoient prêché à *Bourdeaux* contre le Roy *Henry IV.* leur fit faire leur proces & en execution de l'arrest rendu contre eux en envoya un à la potence & obligea l'autre à etre present au supplice de son confrere & à sortir du Royaume, il auroit eté plus respecté & auroit peut estre prolongé ses jours.

Boucher, *Guincestre* & ces autres scelerats avoient tous merité d'avoir la langue coupée & d'être brulez vifs pour avoir abusé de la sainteté de leur ministere & vomi mille imprecations contre l'oinct du Seigneur, personne ne les auroit plaints si on leur avoit fait subir la juste peine qu'ils meritoient: *Henry III.* mal conseillé les traitta plus doucement qu'il ne devoit ou peut-estre n'osa les mettre en justice: il a eprouvé malheureusement depuis combien des gens forcenez, qui se couvrent du manteau de la Religion, sont à craindre quand on n'arreste pas la licence qu'ils se donnent au delà des bornes de leur devoir.

ARTICLE VII.

Divers attentats sur la sacrée personne du Roy avant & apres sa sortie de Paris.

LA peine que vous vous estes donnée mon R. P. pour rapporter les divers attentats formez sur la vie du Roy *Henry III.* ne sert qu'à faire connoitre la corruption de cœur de ceux qui vouloient le detroner, vous mettez le *Duc d'Alençon* son frere à la teste, il est vray que ce Prince auroit eu grande envie que le Roy son frere fut demeuré

en

en *Pologne* puis que cela l'auroit fait Roy de *France* , mais n'est-ce pas un peu trop outrer les choses que d'avancer comme des faits certains qu'il a attenté deux fois à la vie de son frere. *Dupleix* que vous citez pour votre garand est un si mauvais autheur & si rempli de faussetez qu'il a besoin que son temoignage soit justifié par d'autres : il est certain que ceux qui vouloient brouiller la maison Royalle, ont fait accuser le Duc de ces attentats , il s'en est fortement deffendu , le Roy fut content de sa justification & luy pardonna les engagemens où il etoit entré contre luy.

Les autres attentats à la vie du Roy *Henry III.* ont duré plus longtemps & ont eu malheureusement leur effet , si la chose ne s'est pas executée du vivant du Duc de *Guise* c'est que le Roy le prevint , car il auroit eté luy mesme prevenu s'il n'avoit suivy la cruelle necessité de se deffaire d'un Prince son cruel ennemy qui l'alloit au moins detroner & enfermer entre quatre murailles, s'il ne l'avoit pas fait mourir : le Duc *d'Alençon* etoit mort plus de quatre ans auparavant ces evenemens il ne peut pas y avoir eu part , & peut estre que ce Prince ne se laissa entrainer à comploter contre le Roy son frere que par ceux mesmes qui ont voulu depuis s'emparer de la Couronne apres avoir detruit toute la maison Royalle comme ils en avoient certainement le dessein.

A R-

ARTICLE VIII.

Que la magie fut portée sur les autels pour faire perir ce bon Roy.

LEs hommes cruels & ambitieux se servent de toutes sortes de moyens pour parvenir à leurs fins, quand les intrigues les plus rafinées ne leur reussissent pas, ils appellent le diable à leur secours comme si cet ennemi du genre humain avoit un plein pouvoir de satisfaire leurs injustes desirs: le peuple credule jusques à la sottise pour tout ce qui s'appelle divination etoit si animé contre son Roy qu'il ne respiroit que sa mort, il avoit eu la mesme animosité contre le Roy Charles IX. *Cosme Rugieri* * avoit eté accusé d'avoir fait une image magique pour faire mourir ce Roy, il n'est pas etonnant que de petits esprits ayent donné dans ces imaginations, mais ce qui doit faire trembler c'est que les Ministres des Autels y ayent presté leur ministere, car les quarante messes dont vous parlez devoient estre dites à l'intention de faire mourir le Roy, & vous avez grande raison de dire mon R. P. que l'impieté ne pouvoit pas monter plus haut, cependant il s'est trouvé pour lors plusieurs Prestres assez mechans pour faire ces sacrifices abominables jugez apres cela s'il etoit difficile de trouver un *Jaques Clement* qui put se resoudre à tuer son Roy.

* Mem. de Castelnau T. 2. p. 409. & de Nevers T. 2. p. 73.

A R-

ARTICLE IX.

Que le Roy Henry III. *etoit trahy en ses Conseils.*

C'Est un malheur presque inseparable des Princes, qui quoyque voluptueux, ne laissent pas d'avoir de la Religion, que d'etre trompez par ceux qui les environnent. *Henry III.* etoit certainement un tres bon Prince capable de bien gouverner & mesme des plus grands desseins, s'il n'avoit point eu trop d'acharnement pour les plaisirs, & si sa vie molle & voluptueuse ne luy avoit pas fait naitre des scrupules & entreprendre de faire des penitences publiques non seulement peu convenables à un grand Roy, mais mesme à tout homme veritablement repentant de ses fautes.

Henry III. excité par ses favoris & compagnons de debauches embrassoit toutes sortes d'occasions de satisfaire ses plaisirs, & quand il etoit revenu à luy il cherchoit à expier ses fautes par les moyens que les bigots luy proposoient pour appaiser les troubles de sa conscience, les chapelets, grains benits, Agnus Dei qu'on luy envoyoit de tous les convents ne pouvoient arrester les remors continuels qu'il avoit de ses crimes, il en êtoit mesme devenu si peureux qu'il se cachoit au moindre coup de tonnere ou de grand vent, heureux si cette crainte, qui luy avoit eté en partie inspirée par l'adresse du Sr. de *St. Luc*, l'avoit fait revenir de ses erreurs pour mener une vie plus innocente.

Un Prince en cet etat n'est capable de donner ny de prendre de bons conseils, ny mesme de choisir de bons ministres : il n'ecoute te que des gens corrompus qui abuseut de ses craintes & de ses bontés, il se rend, par ce moyen, meprisable aux gens de bien & à ses bons sujets, & il se trouve dans la suitte trahi par ceux mesmes qui ont eté les ministres ou les compagnons de ses debauches.

Il n'est pas difficile dans des occurrences aussy facheuses de trouver des ministres des plus grands crimes, la haine, l'ambition, l'interest, la vengeance, font ecouter tout le monde, la Religion s'en mesle, & le moine *Jaques Clement* crut faire une action meritoire en s'offrant avec plusieurs autres pour faire perir un Roy qui n'etoit plus regardé & traitté que comme un tyran dans la plus grande partie de la *France*, il reussit dans l'execution d'un coup aussy funeste, on luy en rend sur le champ des honneurs publics & ce n'est qu'à present qu'on en reconnoist l'infamie & qu'on cherche à s'en laver apres cent ans que ce crime horrible a eté commis.

ARTICLE X.

Que des le temps de l'assassinat plusieurs dirent que ce n'etoit pas un Jacobin *qui avoit fait le coup execrable.*

Vous tachez, mon R. P. de profiter d'un doute que l'on s'est formé au sujet du meurtrier du Roy *Henry III.* au temps de la mort de ce Prince, pour persuader au public que ce doubte a eté bien fondé, qu'il a toujours continué depuis & qu'il y a mesme des raisons solides pour faire croire que *Jaques Clement* n'a pas fait ce coup execrable.

Avez

Avez vous bien reflechy ſur l'endroit de *Mathieu* que vous rapportez ainſy ? *J'ay ouy dire à* Henry le Grand *que ſi* Jaques Clement *n'eut pas eté reconnu pour Religieux par un Archer de la porte nommé* François Du Mont & *par quelques autres il y en avoit qui vouloient faire croire que c'etoit un* Huguenot *deguiſé.* Arreſtons nous là je vous prie & peſons un peu ces paroles. *Mathieu* rapporte avoir ſceu du Roy *Henry IV.* que *Jaques Clement* avoit eté reconnu pour Religieux par le nommé *François du Mont* & autres, & que s'il n'avoit eté reconnu il y en avoit qui vouloient faire croire que c'etoit un *Huguenot* deguiſé.

C'en etoit aſſez pour etre aſſeuré que votre frere *Clement* avoit fait le coup puis qu'il avoit eté reconnu par un temoin que l'on nomme & d'autres qu'on ne nomme pas, & il me ſemble qu'une reconnoiſſance auſſi formelle de la perſonne de *Jaques Clement* fondée ſur le dire du grand Roy *Henry IV.* rapportée par *Mathieu* qui eſt l'autheur que vous citez le plus pour etablir vos doutes & confirmée par *Mezeray* dont vous rapportez le paſſage, auroit deu vous faire convenir de la perſonne du meurtrier ou au moins vous impoſer ſilence.

Cela ne vous contente pas, au contraire vous rapportez un paſſage de la premiere edition de l'hiſtoire de *de Serres* qui fait connoitre la joye que les *Huguenots* eurent de la mort du Roy *Henry III.* & vous en voulez tirer une conſequence qu'ils y ont contribué & vous faittes un myſtere de ce que ce paſſage de *de Serres* a eté retranché dans les editions poſterieures.

Si la joye que l'on a de la mort violente de quelqu'un eſt une marque que l'on y a contritribué, vous ne devez pas accuser les *Huguenots* d'avoir attenté à la vie du Roy *Henry III.* & le soupçon n'en peut tomber que sur les Catholiques & mesme sur vostre Ordre car le premier libelle qui fut fait pour exalter le coup horrible de *Jaques Clement* a eté fait par un Religieux *Jacobin* dont la qualité se trouve marquée au bas des differentes editions qui en furent faittes en plusieurs villes du Royaume, & il est à presumer qu'un autre libelle execrable intitulé le martyre de frere *Jaques Clement de l'Ordre de St. Dominique* lequel vous citez dans votre article 22. a aussy eté fait par un *Jacobin* ny ayant que ceux de votre Ordre qui eussent interest à faire regarder *Jaques Clement* comme un saint Martyr.

On n'a point veu les *Huguenots* faire des demonstrations publiques de la joye interieure qu'ils pouvoient avoir de la mort de celuy qui en avoit fait massacrer un nombre infiny, mais à la honte de notre Religion, dont tout bon Catholique & particulierement tout l'Ordre des *Jacobins* doit continuellement gemir : on a fait des feux de joye dans plusieurs villes du Royaume à la nouvelle de la mort du Roy. On a entendu le *Pape* elever le zele du Parricide *Clement* au dessus de celuy *d'Eleazar* & de *Judith*, le Parlement de *Thoulouse* ordonner (au dire de *Dupleix* que vous citez article 18.) une procession annuelle au jour de l'assassinat de son Roy, les Predicateurs faire dans les Eglises des eloges publics de l'assassin, votre Pere *Bourgoing* le traitter dans ses sermons de Bienheureux enfant de *St. Dominique* & de saint Martyr de Jesus-Christ: l'effigie de cet execrable scelerat que l'enfer

fer a crée, a eté representée avec une gloire sur la teste comme un saint & exposée sur les Autels à la veneration des peuples au lieu de la mettre à un gibet perpetuel, la mere & les parens de ce parricide ont eté recompensez pour un coup qui meritoit qu'ils fussent chassez perpetuellement du Royaume & toute leur posterité. *

Ce n'est pas sans rougir, mon R.P. que je vous fais remarquer la joye criminelle que les Catholiques temoignerent à la mort du Roy *Henry III.* au lieu de tourner leur fureur contre ceux qui avoient machiné & fait executer ce detestable complot & qui etoient en authorité & en seureté dans la ville de *Paris.*

Ne vous formalisez pas je vous prie & ne tirez aucune consequence contre les *Huguenots* de ce que le passage de *De Serres* que vous citez a eté retranché des dernieres editions, on ne la fait que parce qu'il n'etoit pas veritable que le massacre de la *St. Barthelemy* eut eté resolu dans le logis où le Roy fut tué, c'est une remarque que Mr. *Bayle* a fait dans son dictionaire il explique (au mot *Henry III*) les raisons de ce retranchement les curieux pourront y avoir recours & ils auront lieu d'etre satisfaits de ce qui est dit à ce sujet.

* Ces particularitez sont rapportées par Mr. de Nevers, Mezeray & autres historiens on les peut voir recueillies dans la Satyre Menippee T. 1. p. 5 108. 147 & T. 2. p. 312.

ARTICLE XI.

Que les raisons cy dessus rapportées pour prouver que ce fut un veritable Jacobin *qui fit le coup execrable sont suffisantes.*

SI vous n'etes pas de ce sentiment, mon R. P. on vous rapportera dans la suitte d'autres raisons qui pouront vous convaincre

cre à moins que vous n'ayez resolu d'etre tout à fait incredule sur un point d'histoire aussy bien prouvé que celuy de l'action horrible de *Jaques Clement.*

En attendant ne trouvez pas mauvais que je me plaigne au nom de toute la *France* que vous ayez fait entrer dans cet article notre Roy *Henry IV.* comme s'il avoit eté capable de consentir à une action aussy execrable, le correctif que vous y mettez, *que l'on ne le peut pas dire à moins d'etre perdu*, ne satisfait pas le public & noste point l'idée qne vous voulez donner que ce Prince auroit bien pu avoir quelque intelligence avec ceux qui avoient formé ce damnable complot, vous faittes l'eloge de ce Roy & vous dittes avec grande raison qu'il auroit etranglé celuy qui luy auroit fait la proposition de tuer le Roy *Henry III.* cependant vous trouvez ses raisons foibles & vous aimez mieux charger indirectement ce grand Roy *Henry IV.* d'un meurtre horrible que de ne pas vous servir de toutes sortes de raisons bonnes ou mauvaises pour en decharger votre confrere. Vous ne trouvez pas convaincant ce qu'on a dit de l'instruction de *Jaques Clement* qui portoit s'il n'avoit pas eté tué de dire *qu'il avoit eté induit à ce coup par le Comte de* Soissons *pour rendre la cause du Roy de* Navarre *plus odieuse* vous demandez où est cette instruction ? qni l'a veue, ou comment on l'a pu savoir si elle n'a eté que verballe & vous soutenez que celuy de qui on l'a appris a du etre obligé de declarer de qui il le sçavoit, mais qu'on n'a fait aucunes recherches pour cela.

Jaques Clement a eté tué apres avoir fait son coup execrable, ainsy il n'a pas eté interrogé sur les autheurs de cette action, mais ce ce que l'on n'a pas ſceu ſur le champ a pu ſe ſcavoir dans la ſuitte du temps, des Princes, des Princeſſes, des miniſtres d'Etat, des Eccleſiaſtiques Seculiers & Reguliers de tous Ordres & tant d'autres perſonnes attachez à la ligue avoient machiné la mort du Roy & trempé dans cet epouventable complot que l'on a pu ſcavoir la verité de quelqu'un d'entre eux qui s'eſt depuis repenti d'y avoir contribué. *Henry III.* avoit encore quelques amis dans *Paris*. *Paſquier* nous apprend par une de ſes lettres * que le Roy avoit eté averty que l'on en vouloit à ſa vie, voicy comme il en parle : *le Roy deux jours auparavant avoit receu un petit billet d'une Damoiſelle de bon lieu qui etoit dans* Paris *par lequel elle l'avertiſſoit qu'il eut à ſe tenir ſur ſes gardes, parce qu'il y avoit trois hommes qui s'etoient reſolus à ſa mort, choſe qu'il decouvrit à Madame la Ducheſſe de* Rets *qui l'etoit venu ſaluer, c'eſt celle dont j'ay entendu cette hiſtoire.*

* Au To. 2. p. 131.

Cette Damoiſelle qui avoit ecrit au Roy ſcavoit les differens complots que l'on faiſoit contre la vie de ce Prince, c'eſt peut-eſtre d'elle que le Roy *Henry IV.* a ſceu la circonſtance de l'inſtruction donnée à *Jaques Clement*, ou ſi ce n'eſt pas d'elle c'eſt de quelque autre perſonne affidée de qui on ne s'eſt pas deffié pour lors, les paroles de *Mathieu* ne ſont pas obſcures, il dit *avoir ſceu du Roy* Henry IV. *que l'inſtruction de* Jaques Clement *portoit de rejetter le coup ſur le Comte de* Soiſſons, & on doit d'autant plus le croire que ceux qui machinent des meurtres auſſy deteſtables prennent ordinairement des precautions pour s'en diſculper & faire rejetter ſur d'autres les crimes dont ils ſont les veritables autheurs.

Vous ne voulez pas avouer qu'on avoit promis à *Jaques Clement* qu'on traitteroit les prisonniers de *la Bastille* comme on le traitteroit, vous demandez où en est la preuve & vous reclamez l'authorité de Mr. de *Thou* que vous dites avoir sceu le secret & avoir eté l'un des prisonniers.

Puis que vous ne voulez pas tenir ce fait pour certain, trouvez bon mon R. P. que je vous en rapporte la preuve que vous demandez : vous connoissez apparemment la Satyre Menippée, vous y pourrez voir quand vous voudrez dans la harangue de Mr. *d'Aubray* qu'il fait au Duc de *Mayenne* le reproche suivant, *sitost que votre Moine endiablé fut party vous fites arreter & prendre prisonniers en cette ville plus de deux cens des principaux Citoyens & autres que pensiez avoir des biens des amis & du credit avec ceux du party du Roy comme une precaution dont vous vous proposiez servir pour rachepter le meschant* Astarot en cas *qu'il eut eté pris avant le fait ou apres, car ayant le gage de tant d'honnestes hommes, vous pensiez qu'on n'eut osé faire mourir cet assassin sur la menace qu'eussiez faitte de faire mourir en contre-echange ceux que teniez prisonniers.*

Ce temoignage est celuy du sçavant Mr. *Pithou* qui a composé cette harangue, si cependant l'autheur ne vous paroissoit pas assés grave vous en pourez trouver un tout semblable au commencement du 4. Tome des Memoires de la Ligue, & si vous en voulez un troisieme il est à la page 91. du second Tome des Memoires de Mr. de *Nevers*, il y est parlé en ces termes de votre *Jaques Clement*, *on luy avoit fait entendre que le mesme jour qu'il partiroit on emprisonneroit* (comme l'on fit) *grand nombre de fideles serviteurs de sa Majesté*

jesté outre ceux qu'on tenoit deja dans la Bastille *&* *au* Louvre, *lesquels en tout evenement serviroient d'echange pour luy, de sorte qu'il faut dire ou que le* Jacobin etoit du *tout resolu de mourir, ou qu'il etoit du tout asseuré en son esprit de se sauver sur la persuasion qu'on luy fit.*

Cette difference des prisonniers les uns faits devant les autres, le jour mesme du depart de *Jaques Clement*, a donné apparemment lieu à Mr. de *Thou* d'en parler diversement dans son Histoire, mais ne dites plus, je vous prie, que Mr. de *Thou* etoit à *Paris* qu'il fut un des prisonniers & qu'il sçavoit le secret de l'affaire, car il dit luy mesme, dans le journal de sa vie imprimée avec son histoire, qu'il etoit lors à *Venize* où la nouvelle de la mort du Roy commença à se repandre le 14 Aoust & que trois jours apres on y receut un courier qui confirma cette facheuse nouvelle.

Pour ce qui est du secret vous devez estre persuadé que Mr. de *Thou* ne le sçavoit pas puisqu'il etoit eloigné & Ambassadeur du Roy à *Venize* raison qui auroit dû empescher de le luy confier, s'il avoit sceu ce complot execrable, il etoit trop homme d'honneur pour ne le pas decouvrir à sa Majesté aux risques de tout ce qui auroit pu luy en arriver.

ARTICLE XII.

Que l'exposition du corps du scelerat qui tua Henry III. *ne conclut point à la personne de* Jaques Clement.

JE croy mon R. P. que vous avez raison de dire que la seule exposition du corps du scelerat ne conclut point, au moins certainement, à la personne de *Jaques Clement* & s'il n'y avoit que cela la chose paroitroit un peu douteuse, mais il y a plus & vous en etes convenu vous mesme en rapportant le passage de *Mathieu* où il dit *avoir sceu du Roy* Henry le grand *que si* Jaques Clement *n'eut eté reconnu pour Religieux par un Archer de la porte nommé* François du Mont *& par quelques autres, il y en avoit qui vouloient faire croire que c'etoit quelque* Huguenot *deguisé.*

Un Religieux de votre Ordre (c'est celuy qui a fait le libelle horrible intitulé : *Discours veritable de l'etrange mort de* Henry de Valois) avoit formé un pareil doute en disant : *le pauvre Religieux* (il auroit du dire avec plus de justice l'infame & abominable scelerat) *est depouillé & mis nud à la veue de tout le peuple pour scavoir si personne ne le pouroit connoitre, car (disoient-ils) il peut bien estre que les ligueurs ont fait habiller quelque soldat en Moine pour perpetrer un tel homicide, parquoy il le faut laisser quelque temps en veue pour voir si on le connoitra*, il s'arreste en cet endroit pour raconter la mort du Roy & envoye *Jaques Clement* son confrere en Paradis, il auroit dû adjouter que cette exposition donna lieu à le faire reconnoitre par plusieurs personnes, sa couronne monachale fut apparemment une des marques que l'on donna de sa reconnoissance, car quoyque la circonstance n'en soit pas marquée dans nos Historiens, c'en est une assés considerable pour y avoir eté fait attention par ceux qui l'avoient reconnu.

Au reste je ne scay pourquoy vous trouvez inutil qu'il ait eté exposé puis qu'il avoit eté reconnu, l'histoire ne nous marque pas l'endroit où il fut reconnu si ce fut dans la chambre du Roy où pendant qu'il fut exposé il y a beau-

beaucoup d'apparence que ce fut pendant qu'il fut exposé, on le laissa quelque temps à la veue des passans pour sçavoir s'il ne seroit pas encore reconnu par d'autres que ceux parqui il l'avoit deja eté, cela est d'usage dans les procedures criminelles : vous me permettrés s'il vous plaist de remettre à vous expliquer dans la suitte de quelle mani re il faut entendre ces paroles de *Mathieu* que vous rapportez, *Dieu n'a pas voulu que la verité fut connue & l'a fait pour des raisons envelopées dans les tenebres de ses divins jugemens.*

ARTICLE XIII.

Où il est traitté de la maniere precipitée de la mort du scelerat.

JE ne vous blasmeray point mon R. P. de ce que vous vous recriez sur la mort precipitée de *Jaques Clement*, il auroit été à souhaitter que l'on eut pu le conserver quelques heures pour sçavoir de luy les autheurs & les complices de sa maudite action, mais pour avoir eté tué sur le champ, il n'en etoit pas moins coupable, le sentiment de Mr. *d'Aubigné* ne vous paroist pas assez fort pour votre dessein, vous appelez à votre secours *d'Avila* & Mr. de *Sancy* qui dans sa confession parle de *Jaques Clement* comme d'un martyr fait de la main de Mr. *de la Guesle*.

Apparemment que vous ne sçavez pas que le livre donné au public sous le titre de la *Confession de Sancy* est un ouvrage de Mr. *d'Aubigné* qui l'a mis sous le nom de Mr. *de Sancy* pour ne se pas faire connoitre : qu'il soit de l'un ou de l'autre cela ne fait rien à l'histoire, il suffit que la punition de *Jaques Clement*, a

 eté

eté trop precipitée, il ne s'ensuit pas pourtant qu'il n'ait pas fait le coup, au contraire cela prouve que l'indignation que Mr. de *la Guesle* a eue de cette action, ne l'a pas laissé maitre de sa colere, qu'il s'est emporté jusques à donner quelques coups au meurtrier & que les ordinaires du Roy survenans ont achevé de le tuer contre ce qui leur etoit crié de le conserver.

Il y a de certains momens où l'homme n'est pas maitre de son ressentiment, on en a veu un exemple dans la mort precipitée de *Jaques Clement*, on en avoit veu auparavant un autre dans la mort aussy precipitée de *Javregny* qui ayant en l'an 1582. blessé *Guillaume Prince d'Orange*, fut d'abord percé de plusieurs coups par quelques gentilshommes & ensuitte achevé par les halebardiers de ce Prince que la colere avoit emportez jusques à ne leur pas permettre de faire reflexion qu'il etoit à propos de conserver le meurtrier de leur maitre pour sçavoir de luy les autheurs & les complices de son action.

Personne jusques à present n'a mis en doute que ce *Javregny* n'ait eté le coupable quoy qu'il ait eté tué sur le champ, & que par une bonté excessive ce Prince eut crié plusieurs fois qu'il luy pardonnoit & qu'il eut deffendu de le tuer. On ne doit point aussy douter que *Jaques Clement* n'ait tué le Roy *Henry III.* quoy qu'il ait eté tué sur le champ, la seule difference qui se rencontre dans ces deux faits c'est que la mort du Roy *Henry III.* est demeurée impunie, au lieu que la blessure du Prince *d'Orange* a eté en partie vengée par le supplice des coupables: votre Pere *Timmerman* y joua un assez vilain rolle ayant eté executé à mort apres avoir eté con-

convaincu d'avoir excité le malheureux *Javregny* à commettre un aussy horrible dessein. Cela vous fait voir qu'avant *Jaques Clement* il y avoit eu des Religieux de votre Ordre capables d'attenter à la vie des Princes.

ARTICLE XIV.

Quel fut le logement du Regicide supposé à St. Cloud *& de ce qui s'y passa pendant son souper.*

VOus n'en sçaurez rien mon R. P. que par Mr. de *la Guesle*, c'est chez luy que la chose s'est passée, ainsy il l'a pû mieux sçavoir que personne, ce n'est qu'apres luy que les Historiens en ont parlé : la circonstance du couteau & du Breviaire rapportée par Mr. *Mathieu* & qui avoit eté rapportée differemment par Mr. de *Thou* dans la premiere edition de son histoire en a eté retranchée dans une seconde, marque que cette circonstance n'etoit pas trop averée.

Il paroist seulement par la lettre de Mr. de *la Guesle* qui compose presque tout votre article 14. que celuy qui a eté rencontré par Mr. de *la Guesle* chez lequel il a soupé & couché etoit veritablement un *Jacobin* sorti de *Paris*, qu'il fut soupconné de mediter quelque mauvais coup, & mesme si l'on en veut croire cet endroit retranché de Mr. de *Thou* Mr. de *la Guesle* luy demanda s'il n'etoit pas celuy que l'on disoit estre venu pour tuer le Roy & qu'il avoit repondu avec asseurance & sans changer de couleur que l'on ne devoit pas se deffier de luy, ce que Mr. de *la Guesle* avoit ecouté en riant. *

* Thuanus restitutus p. 84.

ARTICLE XV.

Quand & comment le scelerat fut presenté au Roy.

JE sçay bien mon R. P. qu'il est apresent d'usage dans les Monasteres de n'y recevoir que les Religieux garnis de leur obedience, cette pratique a eté etablie entre eux pour empescher les vagabonds de trouver des retraittes, on ne sçait pas quand elle a eté etablie, mais sans en rechercher l'origine ce qui touche les superieurs des Communautez, ne regarde pas les Seculiers, & il n'est pas etonnant que l'on n'ait point demandé à voir l'obedience de *Jaques Clement* qui en etoit apparemment garny ou qui croyoit n'en avoir pas besoin pour le damnable dessein qu'il meditoit.

Le pretexte qu'il avoit pris pour sortir de *Paris* en faisant entendre qu'il alloit à *Orleans* etoit pour empescher que ceux qui faisoient la garde aux portes de *Paris* ne le fissent arrester: *Orleans* etoit une ville du party de la ligue, ainsy on regardoit ceux qui y alloient comme des gens devouez dont on ne devoit pas se deffier.

Vous vous plaignez apres cela qu'on n'a pas fouillé *Jaques Clement*, qu'on ne l'a pas *desarmé*, & qu'on ne luy a pas oté son couteau.

En vous servant du mot de *desarmé*, je ne croy pas que vous vouliez entendre que *Jaques Clement* portoit quelques armes offensives, car le couteau n'est pas de ce nombre, & quoy qu'il puisse offenser comme on ne l'a que trop veu en cette funeste occasion, cependant on le regarde comme un meuble de menage necessaire aux voyageurs, partiticulierement aux Religieux qui ne vont jamais ſans en eſtre garnis lors qu'ils vont faire leurs pelerinages : il eſt vray apres cela que l'on auroit bien fait de fouiller *Jaques Clement*, de luy oſter ſon couteau, & meſme de luy lier les mains derriere le dos avant que de le preſenter au Roy, mais ce n'eſt pas un crime de ne l'avoir pas fait, ny une raiſon pour faire douter de ſa maudite action. Si Mr. de *la Gueſle* a eté taxé d'avoir frappé imprudemment *Jaques Clement* Mrs. de *Bellegarde* & *du Halde* qui etoient auſſy preſens n'ont eté accuſez ny ſoupçonnez de rien, la ſeule choſe en quoy ils ont manqué a eté d'avoir eu trop peu de deffiance d'une p rſonne dont la ſainteté de l'habit a pu les ſurprendre.

ARTICLE XVI.

Du cruel traittement fait aux entrailles de Henry III. *un moment apres ſon trepas.*

LA haine ne s'eteint pas par la mort, le Duc de *Guiſe* nous en a laiſſé un exemple, il voyoit *l'Admiral de Chaſtillon* etendu à ſes pieds cependant il s'emporta juſques à luy donner un coup de pied qui ne luy fit pas grand mal puiſque ſon ennemi etoit hors d'etat de ſouffrir en çe monde: les ennemis du Roy *Henry III.* ont fait la meſme choſe apres ſa mort, ils ont donné des coups de couteau dans ſon cercueil (ſuppoſé que cette circonſtance ſoit veritable, *Mathieu* etant le ſeul qui la rapporte) il ne reſulte de là autre choſe ſinon qu'outre *Jaques Clement* qui a aſſaſſiné le Roy, il y avoit encore à ſa ſuitte des ſcelerats qui avoient le meſme deſſein.

sein. Mr. *Pasquier* nous en a laissé un temoiguage que l'on ne peut rejetter. C'est celuy du Roy mesme, voicy comme *Pasquier* rapporte la chose dans une lettre ecritte à Mr. le Comte de *Sanzay* le 5. Aoust 1589. * *le Roy deux jours auparavant* (sa blessure) *avoit receu un petit billet d'une Damoiselle de bon lieu qui etoit dans* Paris *par lequel elle l'advertissoit qu'il eut à se tenir sur ses gardes parce qu'il y avoit trois hommes qui s'etoient resolus à sa mort, chose qu'il decouvrit à Madame la Duchesse de* Rets *qui l'etoit venu saluer, c'est celle dont j'ay entendu cette Histoire*, je vous ay desja cité cet endroit, il etoit necessaire de vous le repeter icy.

* Lettres de Pasquier To. 2. p. 130.

De ces trois malheureux assassins *Jaques Clement* a eté le plus endiablé, il y a lieu de croire que l'un des deux autres enragé de n'avoir pas fait le coup a voulu laisser des marques de sa furieuse envie en donnant dans le coffret des entrailles du Roy les coups de poignard dont il avoit dessein de luy percer le cœur s'il n'avoit pas eté prevenu par un autre, cela prouve que la ligue cherchoit à engager autant de gens qu'elle pouvoit à attenter à la personne sacrée du Roy, *Jaques Clement* ne peut estre disculpé ny rendu innocent pour avoir eu des envieux de son detestable attentat.

ARTICLE XVII.

Que devint Jaques Clement *en ce temps-là.*

VOus voulez ignorer, mon R. P. ce que devint *Jaques Clement* en ce temps-là, & pour faire prendre le change vous formez un doute que vous divisez en deux sentimens, l'un l'un que pendant que le Roy lisoit la lettre presentée par *Jaques Clement* un des ennemis du Roy luy donna subtilement le coup qui fut attribué à vostre confrere, l'autre que *Jaques Clement* fit son dernier sommeil en la maison où on luy avoit donné retraitte la veille de son action & qu'apres l'avoir apparemment etranglé on se servit de son habit pour en deguiser un soldat aposté pour faire le coup ; vous restez incertain entre ces deux opinions, je vais tacher à les eclaircir.

Vous avez apparemment envie de faire un Saint de vostre *Jaques Clement* comme les Jesuites en font un de leur Pere *Guignard* * car enfin c'est une espece de Martyre de souffrir la mort injustement, outre le libelle impie du martyre de ce saint d'etrange fabrique lequel vous citez dans vostre article 22. vous avez encore pour vous le temoignage de la confession de *Sancy* ou dans le chapitre des *Martyrs à la Romaine* votre confrere *Clement* est sanctifié ironiquement avec d'autres scelerats qui avoient causé mille maux à la *France*, & ce qui est plus fort vous avez celuy du Pape *Sixte V.* qui, par un principe opposé pourtant au vostre, a preconisé vostre confrere *Clement* comme un des plus grands Saints du Paradis.

*On pretend que l'on a veu autrefois à Liege un autel avec le portrait du P. Guignard & cette inscription : *Beatus Petrus Guinardus ab hæreticis in Gallia pro fide Catholica laqueo suspensus.* Lettre à un Conseiller du Parlement sur l'ecrit du P Annat.

Avant que de reussir dans un dessein si deshonorant pour notre Religion, vous auriez besoin de preuves, car vous estes le premier qui ayez dit que *Jaques Clement* avoit eté tué chez Mr. de *la Gueste* & qu'on s'etoit servy de son habit pour deguiser un soldat qui avoit fait le coup.

Il n'etoit pas necessaire de tuer un homme pour avoir un habit de quelque ordre Reliligieux, il devoit etre indifferent à ceux qui projettoient un pareil coup, d'habiller l'executeur en Jacobin, Augustin, Cordelier, ou Carme, il n'etoit pas lors difficile d'avoir un habit d'un de ces Ordres, il n'y avoit que trop de Moines vagabonds qui auroient eté ravis de troquer leur froc contre un habit du monde pour peu qu'il eut mieux valu que le leur.

Avouez donc que l'imagination que vous vous estes fait que *Jaques Clement* fut mis hors du monde la nuit avant l'assassinat du Roy n'est qu'une invention pour disculper votre confrere & faire tomber l'accusation sur Mr. de *la Guesle*, il n'est plus en etat de se deffendre, mais il vous a repondu par avance dans sa lettre que vous citez en disant qu'avant d'entrer au logis du Roy il fit parler *Jaques Clement* à Mr. *Portail* à qui il donna des marques particulieres de sa femme, de son fils (lors prisonniers à *la Bastille*) & de sa maison, preuve certaine que c'etoit le mesme Religieux qui etoit sorty de *Paris* le jour precedent.

Vous ne pouvez plus nier, au moins avec fondement, que c'estoit le mesme Jacobin sorti de *Paris*, qui avoit couché chez Mr. de *la Guesle* & qui se trouva le lendemain encore vivant avant que d'etre presenté au Roy, le doute que vous avez formé à ce sujet ne devoit pas vous estre entré dans l'esprit, car enfin, supposé que Mr. de *la Guesle* ait eté assés abandonné pour faire massacrer votre *Clement* dans sa maison, on auroit sceu le secret de quelqu'un de ses domestiques avec qui *Jaques Clement* avoit soupé qui l'avoient interrogé pendant le repas & qui le virent sortir de la maison de leur maistre avant que d'etre d'etre presenté au Roy , les domestiques ne sont pas assez attachez à leurs maistres ny assés discrets pour cacher un secret de cette nature , & je croy qu'il vaut mieux que vous conveniez, avec tous nos autheurs, que le *Jacobin* qui etoit sorti de *Paris* la veille, avoit eté rencontré par des soldats, remis à Mr. de *la Guesle* qui l'avoit receu, fait souper & coucher chez luy etoit le mesme qui en sortit le lendemain sain & sauf, parla à Mr. *Portail* & fut ensuitte presenté au Roy.

L'exemple dont vous voulez vous prevaloir du doubte du Roy *Henry IV.* sur celuy qui l'avoit blessé en 1594. ne convient point à l'assassinat du Roy *Henry III.*

Jean Chatel etoit un mauvais garnement qui ne chercha point à se faire presenter au Roy *Henry IV.* il ne fut introduit par personne, au contraire il se presenta seul pour faire le coup horrible qu'il executa sur la personne de son Prince.

Il n'en fut pas de mesme de *Jaques Clement*, il prit des mesures pour estre presenté au Roy *Henry III.* il obtint un passeport du Gouverneur de *Paris*, une lettre de creance du premier President, avec de pareils sauf-conduits il fut presenté au Roy & executa le perfide coup qu'il meditoit depuis longtemps à la ruine de la *France*, il fut tué sur le champ; voila son sort, il en meritoit un autre c'estoit de passer par les mains de la justice, Dieu ne l'a pas permis, cependant vous ne devés pas soupçonner Mr. de *la Guesle* d'avoir fait le coup à la place du *Jacobin*, car quoy qu'il ait temoigné trop d'ardeur en cette occasion, on n'en peut pas induire qu'il ait eté assés abandonné pour faire luy mesme le coup: il nomme dans sa lettre ceux qui etoient presens

ſens lors que le Roy fut aſſaſſiné par *Jaques Clement*, c'etoient autant de temoins contre luy ſi la choſe s'etoit paſſée autrement, & quoy que vous vouliez rendre ſon temoignage ſuſpect, le votre l'eſt bien d'avantage puiſque vous n'avez ecrit que pour rejetter ſur un autre l'opprobre qui doit rejaillir perpetuellement ſur voſtre Ordre pour le meurtre horrible du Roy *Henry III.*

Vous cherchez à appuyer vos conjectures du temoignage de *Matthieu* qui dit que *l'on n'a ſceu au vray qui a eté le conſeil & l'autheur du coup & que ceux qui en furent ſoupconnez ſont morts en miſere & mepris hors du Royaume.*

Ce ſentiment de *Mathieu* ne peut retomber ſur Mr. de *la Gueſle* qui eſt mort à *Paris* en 1612. * ainſy on ne le doit pas regarder comme le conſeil ny comme l'autheur du coup, ce que dit *Mathieu* regarde d'autres dont vous vous etonnez qu'on n'ait pas ſceu le nom.

* Mercure François, Diction. de Moreri.

Je vous l'apprendray ce nom dont vous eſtes en peine; mais avant que je vous le diſe, il eſt bon de vous faire remarquer que ceux qui attentent à la vie de quelqu'un particulierement à celle des Roys n'executent pas ordinairement leur mauvaiſe volonté, ſans avoir conſulté & intereſſé quelqu'un dans leur party, ainſy il s'y trouve communement un autheur, un conſeil, des complices & un executeur.

En parcourant l'hiſtoire du temps du Roy *Henry III.* vous trouverez que pluſieurs perſonnes avoient conſeillé & pourſuivy la mort de ce Prince, le Duc du *Maine* & la Ducheſſe de *Montpenſier* * ont eté fort ſoupçonnez d'y avoir engagé *Jaques Clement*, & quoyque *Mathieu*

* Voyez la Satyre Menippée T. 2. p. 330.

thieu dise qu'un grand Prince (qui ne peut estre que ce Duc) a fait de grands sermens pour s'en justifier, il y a pourtant des circonstances dans notre histoire qui ne permettent pas de douter que s'il n'a pas eté un des premiers autheurs, il a eu au moins part au secret & a mesme pris des precautions pour sauver la vie à *Jaques Clement* en cas qu'il fut arresté apres le coup.

Celuy qui en a eté reconnu pour un des premiers autheurs est le *Duc d'Aumale*, le Parlement ne fut pas plutost retourné à *Paris* en 1594. qu'il rechercha les complices de la mort du Roy *Henry III.* il decreta contre ce Duc, luy fit son proces & il fut executé en effigie.

La Duchesse de *Montpensier* prit la fuitte & trouva moyen de se faire comprendre dans l'edit du Duc du *Maine*, *d'Aubigné* en parle ainsy T. 3. l. 4. ch. 3. de son histoire universelle : *le jour que le Roy receut* Paris *on vit jouer aux cartes avec luy la Duchesse de* Montpensier *laquelle par la voix commune etoit accusée d'avoir avec le Duc* d'Aumale *tramé & pratiqué la mort du Roy, qui fut contrainte de s'absenter, quand la Cour de Parlement revenue de* Tours *fit le proces à ce Duc & le fit mettre en figure & representation en fantosme comme on dit en quatre quartiers.* Il n'etoit pas le seul complice, c'est pourquoy *Mathieu* a dit, comme vous le rapportez, que ceux soupconnez de ce coup etoient morts en misere & mepris hors du Royaume.

Entre tous ces furieux ligueurs qui furent bannis de *France* en 1594. desquels on voit la liste dans les Memoires de Mr. de *Nevers* il y avoit quelques complices de la mort de *Henry III.* ce sont ceux qui sont morts hors du du Royaume apres avoir eté le mepris de tous les honnestes gens & ressenti les miseres d'un long exil, le Duc *d'Aumale* a eté du nombre etant mort au Pays-bas en 1619. ou 1620. cela doit etre suffisant pour vous convainere qu'il faut distinguer les autheurs & les complices d'une action d'avec l'executeur, *Jaques Clement* a eté le perfide executeur du parricide du Roy, les autheurs & les complices de cette damnable action ont evité par leur fuitte le juste chatiment qu'ils meritoient pour avoir trempé dans un crime si execrable : Mr. de *la Guesle* n'a eté du nombre ny des accusez ny des fugitifs quoyque tout vostre livre ne tende qu'à le faire autheur & mesme executeur d'une si barbare action pour en decharger vostre confrere *Jaques Clement.*

Je vous ay deja fait voir que le passage de *Mezeray* ne vous est pas favorable, il leve votre doute en disant que *si Jaques Clement n'avoit pas eté reconnu* on auroit voulu dire que c'estoit un *Huguenot* ou un ligueur sous l'habit d'un *Jacobin* qui avoit fait le coup, vous le rapportez ainsy dans votre article 10. vous obmettés dans celuy cy cette circonstance de la reconnoissance du meurtrier, laquelle est pourtant decisive sur ce point.

ARTICLE XVIII.

Que tous les Autheurs attribuent le cruel attentat à Jaques Clement, *la reponce à cette objection & la replique à cette reponce.*

QUoy qu'il y ait comme vous dites de la temerité d'aller contre le torrent, cependant on ne doit point trouver mauvais que l'on y resiste pourveu que l'on soit bien fondé

fondé en preuves, & que les temoignages publics que l'on veut detruire ne ſoient pas appuyez de tant d'authoritez & de circonſtances qu'il ne ſoit pas permis, au moins avec bienſeance, de nier un fait quand il eſt auſſi bien verifié que celuy duquel il s'agit.

Avouez apres cela mon R. P. que votre ecrit ne peut tout au plus ſervir qu'à faire des incredules ſur un fait qui a eté juſques à preſent avoué de tout le monde & que vous ne rapportez aucune preuve demonſtrative qui puiſſe donner lieu à faire changer de ſentiment à cet egard.

Vous rapportez pluſieurs circonſtances des differens attentats formez contre la perſonne du Roy & dont on a meſme donné des marques apres ſa mort, cela fait voir à quel point on avoit excité le peuple contre luy, vous avez auſſi rapporté l'exemple de ce furieux *Linceſtre* qui diſoit à un ligueur qu'il n'auroit point fait de conſcience de tuer le Roy quand meſme il auroit eté à l'autel tenant en main le precieux Corps de Dieu.

Croyez vous qu'un homme auſſi endiablé que ce *Linceſtre* n'etoit pas capable de tout faire? il avoit pluſieurs ſemblables dans le Royaume, *Jaques Clement* a eté le malheureux executeur de leur rage, un autre auroit peut-eſtre fait le coup s'il ne l'avoit pas fait, mais on ne doit pas nier qu'il l'ait fait à moins que l'on ne veuille nier les veritez les plus conſtantes.

On peut tirer la preuve certaine d'un fait par ce qui le precede, ce qui l'accompagne & ce qui le ſuit de pres & meſme de loin, or quand vous aurez examiné ce qui a precedé le fait de *Jaques Clement* les choſes qui ſe ſont paſſées dans le temps qu'il executoit ſon horrible coup & celles qui l'ont ſuivy de pres & de loin vous devrés convenir qu'il en eſt le veritable coupable.

Tant de differens attentats formez contre le Roy font voir qu'il avoit infiniment d'ennemis: entre ceux là il y en avoit de decouverts & de cachez, les uns & les autres travailloient à faire reuſſir leur deſſein & à prendre des precautions pour le faire executer avec hardieſſe & ſans crainte pour l'executeur.

Un des moyens dont on ſe ſervit pour engager *Jaques Clement* à faire le coup, ce fut de luy promettre monts & merveilles.

Ne vous ſcandaliſez pas je vous prie ſi je vous cite encore le *Catholicon d'Eſpagne*, car quoy qu'il porte le titre de *Satyre Menippée* il n'eſt pas que vous ne ſcachiez que c'eſt un composé fait par de tres habiles & tres honneſtes gens qui ſcavoient parfaitement bien les ſecrets de la ligue.

Vous pourrez donc voir dans la harangue faitte ſous le nom de Mr. *d'Aubray* mais composée par l'illuſtre Mr. P. *Pithou* les moyens dont on ſe ſervit pour corrompre *Jaques Clement* & l'exciter à faire ce coup en voicy l'extrait où l'Autheur apoſtrophant le Duc de *Mayenne* luy parle ainſy: *Je ne veux pas dire que ce fut vous qui choiſites particulierement ce mechant que l'enfer crea* (ainſy il etoit du complot, mais il ne l'avoit pas commencé) *pour aller faire cet execrable coup que les furies d'enfer euſſent redouté de faire, mais il eſt aſſés notoire, qu'auparavant qu'il s'acheminât à cette maudite entrepriſe, vous le viſtes, & je dirois bien les lieux & endroits ſi je voulois: pour l'encourager vous luy promiſtes Abbayes, Eveſchez & monts & merveilles & laiſſates faire le reſte à Ma-*

Madame vostre sœur, *aux* Jesuites *& à son Prieur qui passoient bien plus outre & ne luy promettoient rien moins qu'une place en Paradis au dessus des Apostres s'il advenoit qu'il y fut martyrisé.*

Je prevois bien que vous me demanderez en quels endroits le Duc de *Mayenne* s'est trouvé avec *Jaques Clement*, Mr. *Pithou* le sçavoit puis qu'il dit qu'il le diroit bien s'il vouloit, à son deffaut vous apprendrez, par des Religieux de votre Ordre, que ce fut aux *Chartreux* que *Jaques Clement* fut mené : c'est *Mathieu* qui l'a sceu de ces Religieux, vous le citez trop souvent pour que son temoignage vous soit suspect, il en parle ainsy : *Tant y a que j'ay ouy dire à des Religieux de ce mesme Ordre que ce miserable fut mené aux* Chartreux *où on luy parla d'entreprendre ce coup*. Mr. de *Thou* a dit dans son Histoire que dans les informations secretes qui furent faittes apres cet assassinat, il y avoit des preuves que *Jaques Clement* sortant de *Paris* avoit eu une conference dans *St. Lazare* avec le Duc de *Mayenne* & la *Chapelle Marteau*.

Ce ne fut pas la seule chose que l'on fit avant l'assassinat du Roy *Henry III.* on tacha encore à mettre la vie de l'executeur en seureté, & pour y reussir on fit arrester plusieurs habitans de *Paris* que l'on connoissoit estre du party du Roy, afin que leur vie servit de caution pour celle de *Jaques Clement*, vous avez demandé la preuve de ce fait dans vostre article XI. & vous dites que la chose seroit plus plausible si on avoit fait mourir quelques uns de ces prisonniers : le fait est rapporté par Mrs. de *Nevers*, de *Thou* & *d'Aubigné*, ce dernier adjoute Tome 3. l. 2. chapitre 22. que des Predicateurs demande-

 rent

rent qu'on fit mourir quelques uns de ces prisonniers.

Ces Predicateurs de sang & de carnage auroient voulu que, pour victimes de leur fureur & appaiser les manes de *Jaques Clement*, on eut egorgé tous les bons serviteurs du Roy sur les autels qu'ils venoient d'eriger à cet execrable assassin, etrange egarement dans des ministres du Dieu de paix & de misericorde, demander qu'on fasse perir une infinité d'innocens pour venger la mort d'un parricide, ou vouloir douter du fait parce qu'on n'a pas commis un meurtre aussy effroyable, sont des sentimens qui font horreur: *Tantæne animis Cœlestibus iræ*?

Voila ce qui a precedé & accompagné le fait, voicy ce qui l'a suivy.

La nouvelle de la mort du Roy *Henry III.* n'eut pas plustost eté assurée qu'un Religieux de votre Ordre crut se signaler en publiant, avec permission, un detestable libelle sous ce titre: *Discours veritable de l'etrange & subite mort de Henry de Valois.* Il previent le doute que vous vous estes formé, si ce n'etoit pas un ligueur ou un soldat habillé en Moine qui avoit fait le coup; il n'a garde de l'attribuer à un autre qu'à un Religieux de votre Ordre, au contraire il s'en fait honneur & à son confrere dont il a l'insolence de faire monter l'ame au ciel au lieu de l'abismer dans l'enfer; & comme si ce n'etoit pas assés pour luy d'employer la prose pour un si execrable sujet il y adjoute les vers suivans:

Sizain de la mort inopinée de *Henry de Valois.*

L'an mil cinq cent quatre vingt neuf
Fut mis à mort d'un couteau neuf

Henry

Henry de Valois *Roy de* France
Par un Jacobin *qui expres*
Fut à St. Clou *pour de bien pres*
Luy tirer ce coup dans la pance.

Telle vie, telle fin.

SONNET

Sur la mort du Tyran des *François* occis par la permission divine à *St. Cloud* le premier Aoust 1589. par F. *Jaques Clement* de l'Ordre des *Jacobins*.

Quel magnanime esprit te va guidant le bras,
Quand sans pâlir, hardy tu viens à l'entreprise?
Non il faut que de Dieu ton ame fut eprise,
Le coup est bien mortel, mais le cœur ne l'est pas.

Quelle posterité doit croire ce trepas?
Qu'un Tyran des Francois, la peste de l'Eglise
Dans le sein d'une armée, au sac au sang apprise,
Par un seul tombe mort parmy tant de soldats.

Il est mort toutefois, aussy la Tyrannie
Est mourant, par sa mort l'Eglise reprend vie
Elle qui en ses jours tant de Parques avoit.

Et Cil qui deguisé d'une feinte apparence
Sous un fard infidel les hommes decevoit
Tombe aux filets, quand plus en ses ruses il pense.

A. PERRAUD.

Ce nom de *Perraud* est celuy du Poete qui a fait le Sonnet, il se peut faire qu'il etoit *Jacobin* & que c'est le mesme qui a fait le libelle; quoy qu'il en soit, on ne reconnoisſoit point dans voſtre Ordre d'autre meurtrier du Roy que *Jaques Clement* & perſonne ne le pouvoit mieux ſcavoir que le P. *Bourgoing* Prieur de voſtre Convent de *Paris* qui auroit dû en ce temps empeſcher l'impreſſion & le debit de ce libelle ſous le nom d'un de ſes Religieux s'il n'avoit eté perſuadé que ce n'etoit pas un autre que *Jaques Clement* qui eut fait le coup.

Vous citez vous meſme dans votre article 22. un livret impie & deteſtable intitulé : *le Martyre de frere* Jaques Clement *de l'Ordre de* St. Dominique *contenant au vray toutes les particularitez plus remarquables de la Ste. Reſolution & tres heureuſe entrepriſe à l'encontre de* Henry de Valois *imprimé à* Paris *chez* Robert le Fiſelier *à la Bible d'or avec permiſſion* 1589. c'eſt encore un temoin contre vous, car ſi ce livret n'a pas eté fait par un Religieux de votre Ordre, il a eté fait au moins ſur les Memoires que vos Peres ont fourny à l'autheur, perſonne n'ayant pu ſcavoir qu'eux les particularitez que vous rapportez de ce livret & n'y ayant qu'eux qui euſſent intereſt à faire paſſer *Jaques Clement* pour un martyr.

Apres le *Jacobin* qui a fait le diſcours & l'Auteur de ce livret, je vous citeray encore un temoin qui ne ſcauroit vous eſtre ſuſpect, ce ſera voſtre P. *Bourgoing*, perſonne ne ſcavoit mieux que luy ce qui ſe paſſoit dans votre Convent de *Paris*, il en etoit Prieur, *Jaques Clement* luy avoit communiqué ſon deſſein & demandé conſeil, (car c'eſt luy dont il eſt parlé dans ce diſcours) il avoit approuvé ce malheureux projet & quand il eut eté executé *Bourgoing* dans un de ſes ſermons, traitta le parricide de bienheureux enfant

de

de *St. Dominique* & de St. Martyr de Jesus-Christ : c'est *Mezeray* qui nous rapporte ce fait au To. 3. de sa grande Histoire : le R. P. *Jean Guignard Jesuite* l'avoit dit auparavant dans ses ecrits qui furent trouvez tout de sa main & donnerent lieu à sa condamnation & à sa mort.

De neuf propositions soutenues par ce *Jesuite* la seconde portoit :

Que le *Neron* cruel avoit eté tué par un *Clement* (c'est votre frere *Jaques*) & le Moine simulé despeché par la main d'un vray Moine.

Et la sixieme, que l'acte heroique fait par *Jaques Clement* comme don du St. Esprit, appelé de ce nom par nos Theologiens *a eté justement loué par le feu Prieur des* Jacobins Bourgoing *Confesseur & Martyr* par plusieurs raisons tant à Paris *que j'ay ouy de mes propres oreilles* lors qu'il enseignoit sa *Judith* que devant ce beau *Parlement de Tours*, ce que ledit *Bourgoing* qui plus est a signé de son propre sang & sacré de sa propre mort, & ne faloit croire, ce que les ennemis rapportoient que par ses derniers propos il avoit improuvé cet acte comme detestable.

L'arrest de mort rendu au Parlement contre ce P. *Guignard* le 7. Janvier 1595. contient le fait de *Jaques Clement* ce Pere *Jesuite* y etant condamné à declarer que contre verité il a ecrit le feu Roy avoir eté justement tué par *Jaques Clement* & qu'il falloit faire mourir le Roy regnant.

A ces temoignages & celuy des Religieux de votre Ordre, je joindray le recit fait au Pape *Sixte* V. par le Deputé de la ligue, dans lequel il luy explique toutes les particularitez de ce cruel assassinat comme d'un coup du ciel dont *Jaques Clement* etoit l'autheur.

Ce recit se trouve r'imprimé entierement dans le Dictionnaire Historique de Mr. *Bayle* sous l'article de *Henry III.* vous y verrez, si vous estes curieux d'y avoir recours, que *Jaques Clement* s'etoit vanté plusieurs fois devant ses Confreres, que le Roy ne mourroit jamais que de sa main, que cela le fit appeler par derision le Capitaine *Clement*, qu'avant de partir de *Paris* pour faire son horrible coup il prit congé de ses Confreres & se recommanda à leurs prieres, leur disant qu'il alloit, pour le service de Dieu, delivrer les peuples de misere sans aucune esperance de retourner, & ne se soucioit point pourveu que Dieu luy fit la grace de ne faillir à son dessein, de l'evenement duquel ils oyroient parler dans vingt quatre heures, Prophetie qui ne fut que trop veritable, puis qu'avant ce terme, il fut assés malheureux pour executer le perfide coup qu'il meditoit depuis longtemps.

Boucher, cet enragé ligueur, a laissé une preuve des dispositions de *Jaques Clement* pour faire ce coup, c'est dans son execrable *Apologie pour Jean Chatel* laquelle sert aussy d'Apologie pour le P. *Guignard*; il dit chap. 1. de la troisieme partie *qu'il avoit eté observé que* Jaques Clement *avant sortir de* Paris *comme il refaisoit ses souliers avec une eguille & du fil pour faire son voyage de* St. Cloud *où etoit le Roy avec son armée à deux lieues de la ville, quelques uns de ses freres qui le voyoient & rioient de sa simplicité luy ayans demandé combien cet ouvrage dureroit, il leur repondit de mesme en riant comme eux, qu'il dureroit assez pour le chemin qu'il avoit à faire, son intelligence etant qu'il devoit aller mais non pas revenir comme depuis il advint ayant iceluy*, apres son coup,

ten-

tendu les deux bras en croix pour recevoir son Martyre, qu'au mesme instant il receut.

Cette Apologie de *Jean Chatel* a eté faitte six ans apres la mort du Roy *Henry III. Boucher* qui en est l'autheur etoit un des plus furieux arc boutans de la ligue, on ne luy en cachoit aucun des secrets, il etoit necessaire qu'il les sceut pour composer les horribles ecrits qu'il a publiez tant avant qu'apres la mort de ce Roy, il a fait l'apologie de *Jaques Clement* laquelle se trouve dans un chapitre separé à la fin de son infame traitté : *De Justa Henrici III. abdicatione*, & il est certain que dans cette Apologie de *Jean Chatel* chap. 2. de la 2. partie, il fait une question s'il a eté permis à *Jaques Clement* de tuer le Roy & decide que cela luy avoit eté permis.

Outre ces temoignages que je viens de rapporter il y a eu des evenemens qui ont fourny des occasions d'examiner si *Jaques Clement* a eté l'assassin du Roy *Henry III.* ou s'il ne l'a pas eté.

Vous n'ignorez pas, comme je croy, que les *Jesuites* ont eté accusez d'avoir trempé dans la conspiration contre la personne de ce Prince, ils etoient des premiers de la ligue, vous avez pû voir cy devant, page 139. que le conseil des ligueurs s'est tenu dans leur maison, ainsy ils en scavoient tous les secrets : vous leur connoissez aussy trop d'esprit & de penetration pour vous imaginer qu'on ait pu les tromper dans une intrigue dont ils avoient tant d'interest d'etre bien informez & dont ils etoient mesmes des principaux acteurs.

L'Université qui s'etoit opposée à leur etablissement employa Mr. *Arnaud* l'un des plus fameux Avocats du Parlement pour plaider

sa

* Il est imprimé dans le sixieme Tome des Memoires de la Ligue.

sa cause : dans le plaidoyer * sanglant qu'il fit contre eux & qui, à ce qu'on a dit, a attiré leur indignation sur les descendans de cet Avocat, il leur reprocha que leurs PP. *Commelet*, *Bernard*, & *Pigenat* avoient presidé au Conseil des seize, que le mesme P. *Commelet* avoit exalté & mis entre les Anges, ce meurtrier, ce tigre, ce diable incarné de *Jaques Clement*, qu'ils avoient seduit plusieurs personnes par la confession & que l'assassinat du Roy *Henry III.* avoit eté projetté & resolu dans leur college.

Il auroit eté aisé de repondre à ces reproches en niant simplement le fait de *Jaques Clement*, cela auroit detruit l'accusation que l'assassinat du Roy *Henry III.* avoit eté projetté & resolu dans le College des *Jesuites*, cependant le R. P. *Richeome* dans sa reponse au plaidoyé de Mr. *Arnaud* imprimée à Liege en 1596. sous le titre de la verité deffendue & le nom de *Francois des Montaignes* avoue le fait de *Jaques Clement* & se contente de dire pages 162. 165. & 167. qu'on ne peut pas soupçonner les *Jesuites* d'avoir seduit *Jaques Clement* par la confession, puisqu'il est certain que les Religieux ne se confessent qu'à des Religieux de leur Ordre.

La mort deplorable de notre grand Roy *Henry IV.* a encore donné occasion de rappeler le souvenir de l'action de *Jaques Clement*, l'autheur de l'Anticoton reprocha aux *Jesuites* qu'il y avoit encore deux mille temoins qui certifieroient que *Jaques Clement* hantoit ordinairement les *Jesuites*, & que quelques uns d'entre eux l'accompagnerent jusques hors des tranchées quand il sortit de *Paris* pour faire son coup.

Il auroit eté de mesme facile de repondre à

à ce reproche en niant, ou au moins mettant en doute que *Jaques Clement* eut eté l'assassin du Roy *Henry III.* mais, le R. P. *Jesuite* qui a fait la reponse à l'Anticoton imprimée en 1610, avoue le fait, & pour ce qui regarde l'accusation contre les *Jesuites* qu'on pretendoit avoir accompagné *Jaques Clement*, il y repond par l'exclamation suivante, *les* Jesuites *donc sont ils si sots & si eperdus de jugement que, scachans la fin pour laquelle* Jaques Clement *sortoit, ils n'eussent ny l'entendement de le laisser aller seul pour, je ne diray se manifester eux mesmes, mais ne point signaler en diversité d'habit & de profession son issue, qui devoit estre sourde & selon la nature de l'action, plutost executée que sçûe : vray Dieu que l'imposture est aveugle !*

Vous voyez que l'autheur de cette reponse reconnoist que les *Jesuites* scavoient le sujet de la sortie de *Jaques Clement*, ainsy ils etoient du secret & leur temoignage doit entierement vous convaincre.

Je pourrois vous alleguer encore plusieurs autheurs Francois & etrangers qui ont tous avoué le fait de *Jaques Clement*, mais je me contenteray de vous rapporter le temoignage d'un autheur nouveau qui passe pour un des plus fins critiques qu'il y ait sur tout en matiere d'histoire.

C'est le fameux *Guy Patin* que l'on connoist pour avoir eté un grand rechercheur de secrets historiques & qui n'etoit pas homme à donner dans les sentimens vulgaires.

Il ecrit dans sa lettre du 3. Janvier 1659. que le fils de Mr. *Falconet* disoit que *Jaques Clement* & *Ravaillac* qui tuerent *Henry III.* & *Henry IV.* etoient de mechans coquins & dans sa lettre du 15. Decembre 1670. il dit qu'il qu'il y a encore dans notre Histoire beaucoup de choses qu'on ne sçait pas bien, comme le fait de la *Pucelle d'Orleans*, la mort du Roy *d'Angleterre Henry V.* dans le bois de *Vincennes*, la mort du Duc de *Guyenne* frere du Roy *Louis XI.* le regne de celuy qui luy succeda *Charles VIII.* que l'on dit avoir eté un enfant supposé, la mort du grand Roy *Francois I.* la prise & puis la levée du siege de *Mets*, la mort *d'Anne du Bourg* Conseiller en la grand Chambre qui fut pendu & brulé en greve, la *conspiration d'Amboise*, le massacre de la *St. Barthelemy*, la mort du Roy *Charles IX* la mort des deux *Guisards* dans *Blois*, la mort du Marquis *d'Ancre* & de sa femme, la mort du *Connestable de Luynes*, celle de Mr. de *Chalais* de Mrs. de *Montmorency* de *Cinq Mars*, &c. Il ne met point en doute le fait de *Jaques Clement* quoy qu'il cherche des eclaircissemens sur la mort des *Guises* arrivée sept mois auparavant, peut on croire qu'un autheur aussi difficile à persuader auroit oublié de parler du meurtre de *Henry III.* s'il ne luy avoit pas paru certain qu'il n'avoit pas eté commis par un autre que par *Jaques Clement*.

Vous pourrez dire que c'est une raison negative qui ne prouve rien, mais il m'est aussi bien permis de vous l'alleguer que vous alleguez au public les exemples des Histoires saintes & miraculeuses qui ont autrefois passé pour vrayes, & que l'on a depuis reconnu estre fausses comme celle de la mort de *St. Denys* en *France*.

Vous sçavez bien que le doute formé à ce sujet n'a pas eté s'il y avoit eu un *St. Denys* Evesque de *Paris*, mais si ce *St. Denys* etoit *l'Areopagite* ou un autre, on a reconnu que ce-

celuy qui a eté Evesque de *Paris* ne pouvoit etre *l'Areopagite* & qu'ainsy il faloit que ce fut un autre, c'est pourquoy Mr. de *Launoy* qui a fait un traitté sur cette matiere l'a intitulé: *De Duobus Dionysiis* pour montrer que le *St. Denys* Evesque de *Paris* etoit different de *St. Denys l'Areopagite.*

S'il y avoit eu du temps de *Henry III.* deux Religieux de vostre Ordre tous deux nommez *Jaques Clement* on pourroit disputer lequel des deux auroit fait le coup, c'est à quoy l'on pourroit reduire la dispute qui retomberoit toujours sur l'un des deux *Jaques Clement* & qui ne pourroit jamais retomber sur une tierce personne qui n'auroit pas porté le mesme nom.

ARTICLE XIX.

Où il est traitté de la condemnation de Bourgoing *Prieur du Convent des* Jacobins *de* Paris.

VOus convenez mon R. P. que vostre P. *Bourgoing* fut pris les armes à la main en une sortie sur les troupes du Roy, il n'en faloit pas davantage pour le faire condamner justement à la mort, ce n'est pas le mêtier des gens d'Eglise sur tout des Religieux de porter les armes contre qui que ce soit encore moins contre leurs Princes, vous cherchez à colorer l'exemple du P. *Bourgoing* sur celuy des autres Religieux aussy forsenez que luy, ils etoient tous egalement criminels & on auroit dû traitter du mesme supplice tout autant que l'on en prenoit, cela auroit rendu les autres sages, il n'y avoit que les roues & les gibets qui pussent les mettre à la raison.

Vous

Vous ne niez pas ouvertement que le Roy *Henry IV*. fut legitime Roy de *France*, vous dites ſeulement que n'etant pas encore converti à la foy Catholique cela faiſoit que les Religieux les plus auſteres ſe croyoient en droit de faire la guerre à leur ſouverain, c'etoit le ſentiment de la ligue, je ne veux pas croire que ce ſoit le votre vous eſtes trop eclairé pour ne pas ſcavoir qu'il eſt entierement opposé à l'Evangile, & que nous ſommes obligez d'obeir à nos ſouverains de quelque Religion qu'ils ſoient, *Obedite Principibus etiam diſcolis*, vous en convenez dans votre article 21.

La diſperſion du Parlement en pluſieurs lieux & la diverſité des Arreſts, ne doit point ſervir d'excuſe à votre P. *Bourgoing*, il a eté condamné par le Parlement ſeant à *Tours*, c'etoit le Parlement legitime, ce qui en etoit reſté à *Paris*, ou n'etoit pas libre ou n'etoit animé que des fureurs ligueuſes, & cela n'a pas dû empeſcher celuy de *Tours* de juger le P. *Bourgoing* apres avoir bien examiné ſon crime.

Vous dites apres ce Pere que les temoins etoient faux, qu'il l'a proteſté à l'article de la mort, qu'il eſt ſeulement convenu d'avoir remercié Dieu de la levée du ſiege de *Paris* (comme ſi ce n'etoit pas un crime de leze-Majeſté divine & humaine, d'avoir ozé remercier Dieu, de ce que les ligueurs de *Paris* avoient eu la force de ne pas ſe ſoumettre à leur legitime ſouverain) mais qu'il a deteſté le meurtre du Roy.

Il devoit dire plus & nier que *Jaques Clément* eut fait le coup; cela l'auroit entierrement diſculpé, il ne l'a pas fait parce qu'il ſcavoit bien que *Jaques Clement* en avoit eté le malheureux executeur.

Le

Le P. *Guignard Jesuite* s'il avoit eté à *Tours* auroit pu estre temoin contre le P. *Bourgoing*, il avoit entendu ses sermons furieux, & qu'il y avoit proné l'action execrable de *Jaques Clement* comme un fait heroique & un don du St. Esprit, ce P. *Guignard* l'a ecrit ainsy depuis le supplice de *Bourgoing*, rien ne le contraignoit d'ecrire comme il a fait, ainsy vous ne pouvez pas dire qu'il ait eté corrompu, car je ne croy pas que vous ny vostre Pere *Malpæus* entendiez parler de luy en disant que les temoins contre *Bourgoing* sont morts miserablement quelques années apres luy: la fin de ce Pere *Guignard* n'a pas eté à la verité fort heureuse, ayant eté pendu en 1595. mais on ne voit point qu'il ait eté entendu comme temoin dans le proces fait au P. *Bourgoing*, ainsy ce n'est pas de luy dont le P. *Malpæus* a entendu parler, & il faut que ce soit d'autres temoins que l'on ne connoist pas, supposé que ce qu'il a dit à ce sujet soit veritable.

Vous nous citez ce P. *Malpæus* comme autheur de deux circonstances qui regardent le P. *Bourgoing*, l'une que les temoins qui l'avoient accusé sont morts miserables quelques années apres luy, l'autre que le premier President du Parlement de *Tours* pressé des remors de sa conscience refusa de consentir à la mort de ce Religieux.

Ne trouvez pas mauvais, je vous prie, que je recuse le temoignage de ce Pere *Malpæus*, il etoit de vostre Ordre natif de *Bruxelles* profez du Convent *d'Anvers* où il a fait ses vœux à l'age de 25. ans, il a eté Prieur de vostre Convent de *Bruxelles*, ainsy il etoit Religieux de la Province de *Brabant*, son livre intitulé: *Palma fidei de martyribus*

Ordinis Prædicatorum a eté imprimé à *Anvers* en 1635. qui est 45. ans apres le meurtre du Roy *Henry III.*

Vous sçavez bien que dans ces sortes d'ouvrages, les Religieux qui travaillent uniquement pour la gloire de leurs Ordres * y fourent ordinairement tout ce qui leur peut estre honorable & avantageux, sans examiner si ce qu'ils rapportent est vray ou faux, si on leur reproche les faussetez qu'ils debitent ils s'imaginent en estre quittes en disant que ce sont de pieuses fraudes faittes pour la plus grande gloire de Dieu.

* Le Pere Jouvency a fait voir par son histoire de la Societé qu'un Religieux qui ecrit en faveur de son Ordre se croit tout permis.

Il a plu au P. *Malpæus* de mettre entre les Martyrs *Jacobins* * vostre P. *Bourgoing*, il ne l'a pu faire que sur les relations qui luy ont eté envoyées de *France*, car il n'a pas eté temoin de ce qu'il dit à ce sujet, ces relations luy sont venues par des Religieux *François* de votre Ordre qui avoient interest à deffendre l'honneur du P. *Bourgoing* Prieur de vostre Convent de *Paris*, ainsy *Malpæus* est un autheur tres suspect en cela : voudriez vous croire & invoquer *Jaques Clement* comme un Saint parce qu'un Religieux de votre Ordre a eté assez effronté pour publier, dans ce discours que je vous ay cité, que ce detestable parricide, ayant eté tué apres avoir poignardé son Roy, son ame etoit montée au ciel avec les bienheureux ? je ne vous crois pas assés credule pour cela, vous qui suivant vostre traitté de *la Fatalité* ne voulez rien croire de ce qui est cru de tout le monde, reconnoissez donc de bonne foy que vostre *Jaques Clement* & vostre Pere *Bourgoing* sont des Martyrs de la fabrique du Diable, & que jusques à present on ne s'est pas encore avisé d'en canoniser de pareils ; si malheureusement

* Ce Pere Jouvency a mis le Pere Guignard entre les Martyrs Jesuites.

ment l'Eglise etoit assez abandonnée pour Beatifier de semblables scelerats, on pourroit dire qu'elle placeroit dans le ciel des patrons pour les meurtriers & les parricides: Dieu veuille preserver ceux qui gouvernent & gouverneront l'Eglise Catholique de donner des asseurances de Beatitude en faveur de pareils Apostres, s'ils tomboient dans ce dereglement ce seroit un moyen asseuré pour detourner les fideles de la croyance où ils ont raison d'estre de l'infaillibilité qu'il a plu à Dieu d'accorder à son Eglise.

ARTICLE XX.

Deux visions l'une de Favin *& l'autre de* Raymond *sont mises à l'examen.*

VOus regardez comme des visions les sentimens de *Favin* & de *Raymond*, quoy que le premier ne puisse estre accusé que d'avoir eu trop de credulité sur une circonstance dela blessure du Roy, sans l'avoir approfondie, & le second d'avoir suivy ce qu'un Religieux de vostre Ordre avoit dit avant luy.

Favin a fait imprimer son histoire de *Navarre* en l'année 1612. il y dit que *Jaques Clement* avoit receu de *Bourgoing* son Prieur un couteau frotté de lard, d'oignon, & de poudres empoisonnées sans pourtant le prouver.

Il ne paroist pas par le procés verbal des Chirurgiens * qui panserent le Roy apres sa blessure que le couteau dont il fut frappé eut eté empoisonné, cependant *Favin* n'est pas le premier qui ait rapporté cette circonstance le P. *Mariana Jesuite* l'avoit publié plu-

* Il est imprimé dans Mathieu T. 1. p. 770.

sieurs années auparavant dans le chap. 6. du premier livre de son Traitté de *Rege & Regis institutione* imprimé à *Toleae* en 1599. & ensuitte à *Mayence* en 1605. ils ont eté mal informez l'un & l'autre d'un fait * qui ne detruit point celuy de *Jaques Clement* etant certain que soit que le couteau ait eté empoisonné ou qu'il ne l'ait pas eté, le Roy en a eté frappé & en est mort le lendemain.

* Ce fait a eté avancé par P. Cornelio dans son Traitté Espagnol, intitulé: *Compendio y Breve Relacion de la Liga y Confederacion Francesa*, imprimé à Bruxelles en 1591 & il y a beaucoup d'apparence que Favin & Mariana l'ont emprunté de luy.

La seconde vision pretendue est de *Remond* Nottaire (homme tres inconnu parmy les autheurs) vous demandez d'où il a tiré ce qu'il rapporte de quelques gens apostez & cachez derriere un Autel qui par le moyen d'une Sarbacane poussoient aux oreilles de *Jaques Clement*, tue le Roy, comme si c'eut eté une revelation du Ciel affin d'encourager le miserable à un si cruel attentat.

Apparemment que vous n'avez pas veu le discours que je vous ay deja cité & qui a eté publié en 1589. par un Religieux de vostre Ordre puisque vous y auriez trouvé que *Dieu exaucant la priere de son serviteur* Jaques Clement *une nuit comme il etoit en son lict luy envoye son Ange en vision, lequel avec grande lumiere se presente à ce Religieux & luy montrant un glaive nud luy dit ces mots :* Frere Jaques *je suis Messager du Dieu tout-puissant qui te viens acertener que par toy le* Tyran de la France *doit etre mis à mort, pense donc à toy & te prepare comme la Couronne de Martyre t'est aussy preparée.*

Vous voyez bien mon R. P. que *Remond* n'est pas le premier ny le seul qui ait dit qu'il y avoit eu des gens apostez pour exciter *Jaques Clement* à faire son coup, la supposition de l'Ange envoyé & la Sarbacane ont eté les moyens dont on s'est servy pour engager ce ce malheureux Moine à attenter à la vie de son Roy & à le confirmer dans la resolution où il etoit d'executer un si damnable dessein, c'est un Religieux de votre Ordre qui nous le rapporte, il sçavoit par luy mesme ou par ses confreres les tours d'adresse dont on s'etoit servy pour seduire *Jaques Clement* & nous devons l'en croire preferablement à tout autre : je vous parleray du Chancelier de *Chiverny* dans l'Article suivant.

ARTICLE XXI.

De la contradiction des autheurs qui ont ecrit du parricide commis en la personne du Roy Henry III.

LA contradiction des Autheurs vient ordinairement de ce qu'ils sont bien ou mal informez ou de ce qu'ils ont trop de credulité pour les bruits vulgaires sans approfondir les choses autant qu'ils le devroient.

Mr, de *Chiverny* dont vous citez le temoignage comme different de ce qui a eté ecrit sur ce sujet par d'autres, avoue luy mesme qu'il n'a ecrit que sur le rapport d'autruy, il etoit eloigné du Roy lors que ce bon Prince a eté assassiné, ainsy n'ayant pas eté temoin oculaire de ce qu'il rapporte, il n'est pas etonnant qu'il se soit mepris en quelques circonstances, d'autant plus que n'ayant ecrit que de simples memoires, dont les maximes d'etat font le principal & où les faits historiques ne sont rapportez que comme des exemples, il n'a pas eté obligé de s'attacher si fort à eclaircir les particularitez des faits qu'il cite.

Il l'a reconnu luy mesme en s'excusant des defauts qui pourroient se rencontrer dans ses Memoires, c'est ainsy qu'il parle à la page 242. du premier Tome. *Voila à peu pres les choses les plus importantes que j'ay pu connoitre s'etre passées en ce Royaume & à la Cour durant mon eloignement d'icelle & depuis que le feu* Roy Henry III. *mon maitre me commenda comme à tous les principaux de son Conseil de nous retirer chacun chez soy, ainsy que nous fismes tous des le mois de Septembre quatre vingt huit, comme je l'ay cy devant remarqué en son lieu, & d'autant que je ne le sçay que par la relation d'autruy & rapport de mes amis, qui nonobstant les craintes & malheurs de la guerre, n'ont laissé de me venir visiter en ma maison & retraitte* d'Esclimont, *s'il y a quelque chose de plus ou de moins survenu durant ledit temps, je m'en remets à la plus grande voye & connoissance de ceux qui lors ont eu charge & maniement des affaires de cet Etat.*

Il n'en faudra pas comme je croy d'avantage pour vous persuader que Mr. de *Chiverny* n'a pas laissé ses Memoires comme un ouvrage auquel il n'y eut rien à reformer, il a travaillé sur la relation d'autruy ce qui est assez sujet à caution, ainsy on ne doit point le mettre en paralelle avec les autheurs qui ont ecrit de ce qu'ils ont veu, j'adjouteray que ces Memoires n'ayant eté publiez que plusieurs années apres la mort de l'autheur, il n'est pas bien seur qu'ils nous ayent eté donnez sans alteration.

Vous voulez rejetter ce qui a eté dit du grand nombre de prisonniers arrestez à *Paris* pour servir de represailles en cas que *Jaques Clement* eut eté pris, parce que *Du Pleix* n'en parle pas & que dans l'histoire du du President de *Thou* (qui, à ce que vous dites, fut du nombre des prisonniers) il est rapporté que ces prisonniers avoient eté faits par crainte que l'on n'ouvrit une porte de *Paris* au Roy.

Du Pleix est un autheur trop fautif pour le citer, à l'egard de Mr. de *Thou*, que vous mettés au nombre des prisonniers, je vous ay deja fait remarquer * qu'il a dit luy mesme dans sa vie imprimée à la fin de son histoire qu'il etoit en ce temps à *Venise*, il est en cela plus croyable que vous, au reste il y a dans les Memoires de *Nevers* un endroit qui vous eclaircira la chose.

* Cy devant pag. 483.

Pendant que *Jaques Clement* meditoit de faire son coup, il y avoit dans *la Bastille* plusieurs prisonniers qui y avoient eté envoyez sous differens pretextes, cela ne parut pas suffire pour la seureté de la personne de *Jaques Clement* & on en emprisonna encore plusieurs autres : c'est ainsy que la chose est rapportée dans les Memoires de *Nevers* au Traitté de la prise des armes. T. 2. p. 91. *On luy avoit fait entendre* (c'est à dire au Jacobin) *que le mesme jour qu'il partiroit on emprisonneroit* (*comme l'on fit*) *grand nombre de fidels serviteurs de sa Majesté outre ceux que l'on tenoit deja dans* la Bastille *& au* Louvre: ainsy il y avoit des prisonniers pour seureté de *Paris* & des prisonniers pour seureté de *Jaques Clement*, Mr. de *Thou* a parlé des premiers, Mr. de *Nevers* a parlé des uns & des autres, il n'y a rien en cela qui se contredise ; la lettre de Mr. le premier President sera examinée dans l'article suivant comme vous l'examinez vous mesme.

ARTICLE XXII.

Que la lettre de Mr. le premier President ecritte au Roy etoit veritable & que Jaques Clement *qui la porta, sortit de* Paris *pour le service du Roy.*

Y Avez-vous bien songé mon R.P. quand vous avez dit que la lettre de Mr. le premier President étoit veritable ? Je croy comme vous qu'elle etoit vraye, mais cela ne signifie autre chose, sinon que, pour faciliter à *Jaques Clement*, un plus libre acces vers le Roy, ceux qui conduisoient cette intrigue, luy ont fait procurer une lettre pour estre presente à *Henry III.* sans aucune difficulté ny deffiance : on luy a fait avoir en mesme temps un passeport du Comte de *Brienne* & tout cela sous pretexte qu'il etoit bon serviteur du Roy, comme il avoit fait semblant d'etre dans les voyages qu'il avoit faits à *Amboise* & à *Tours*, où il avoit porté des lettres & apparemment servy d'espion, la robe qu'il portoit servoit à lever la deffiance que l'on auroit pu prendre de luy : il est fort aisé d'obtenir des lettres de creance & des passeports quand on scait se contrefaire & qu'on est conduit par des gens aussy artificieux que l'etoient les ligueurs.

Le silence de Mr. de *Villeroy* sur cette action ne doit pas vous surprendre, il n'avoit garde de parler sur un sujet aussy delicat, il etoit resté dans le party de la ligue & nageoit entre deux eaux, je ne veux pas croire qu'il ait eté du complot contre la personne de *Henry III.* je diray seulement qu'on luy a reproché dans la *Satyre Menippée*

pée d'avoir eté corrompu par les doublons *d'Espagne*, il n'a jamais rien ecrit pour sa justification en ce regard, ne vous etonnez donc pas s'il n'a rien dit du meurtre du Roy, la matiere etoit scabreuse pour luy, & tout homme judicieux trouvera que le silence qu'il a gardé en cela etoit le meilleur party qu'il put prendre.

ARTICLE XXIII.

De la Revelation d'un valet de pied d'un Prince à l'article de la mort.

LA Revelation pretendue du valet de pied que vous nous citez, est une nouveauté que vous nous apprenez, vous nous dites qu'il y a plus de vingt ans que dans la Paroisse de *St. Paul* à *Paris* un valet de pied d'un Prince agé de plus de quatre vingt ans declara apres bien des peines & des tourmens à ceux qui l'exhortoient à la mort: que c'etoit à tort qu'on accusoit un *Jacobin* d'avoir tué *Henry III.* & que c'etoit un autre deguisé en *Jacobin* qu'il ne nommoit point.

Vous auriez fait plaisir au public de vous etendre un peu plus sur cet article & specifier plusieurs circonstances necessaires comme de dire le nom du Prince, si c'etoit luy qui avoit 80. ans on si c'etoit le valet de pied qui avoit cet age, en quelle année il avoit fait sa declaration & en quelle maison, car la Paroisse de *St. Paul* à *Paris* est tres grande: vous convenez ensuitte que la declaration du valet de pied n'est pas bien prouvée, vous dites que l'on cherche seulement en ces occasions à mettre une ame en repos & qu'on n'a appellé ny *Jacobins*

bins ny Nottaires pour eſtre preſens à cette declaration.

Dans une affaire de cette conſequence il etoit du devoir d'un Confeſſeur d'induire le moribond à faire ſa declaration pardevant Commiſſaire, ſuppoſé cependant que ce valet de pied l'ait faitte en preſence de ceux qui l'aſſiſtoient à ſa mort, dites moy je vous prie comment on l'a ſceu d'eux ?

J. vous demanderay encore en quoy la conſcience de ce valet de pied auroit pu eſtre intereſſée s'il avoit gardé le ſilence ſur ce ſujet : il ne faloit pas au ſurplus ſe faire tant de peine pour declarer qu'un *Jacobin* n'avoit pas tué *Henry III.* mais que c'etoit un autre deguiſé en *Jacobin.*

Si ce valet de pied avoit declaré qu'il etoit un des autheurs ou des complices de la mort du Roy, il auroit dû avoir la conſcience fort troublée & craindre terriblement le jugement de Dieu pour avoir trempé dans un crime auſſy horrible ; s'il avoit auſſy eté appelé en juſtice pour rendre temoignage de ce qu'il ſcavoit, il auroit dû declarer le complot s'il l'avoit ſceu : malheureuſement tout etoit conſommé à cet egard, le Roy mort, ſon aſſaſſin tué, il n'y avoit plus de remede, declarer apres bien des troubles de conſcience, que c'etoit à faux qu'on accuſoit un *Jacobin* d'avoir tué *Henry III.* mais un autre deguiſé en *Jacobin*, etoit un ſcrupule hors de ſaiſon que le moribond auroit dû rejetter, ſuppoſé qu'il n'eut pas trempé dans la conſpiration, ne trouvez donc pas mauvais que je vous diſe que l'hiſtoire de cette Revelation pretendue paroiſt forgée expres pour ſauver l'honneur de votre Ordre.

Vous

Vous ſcavez que l'homme habillé en *Jacobin* qui a tué le Roy *Henry III.* a eté tué ſur le champ, ainſy il avoit ſubi la peine de ſon crime: Mr. de la *Gueſle* que vous avez voulu faire ſoupçonner d'avoir donné ſubtilement le coup au Roy ſe trouve diſculpé par cette Revelation, ſuppoſé apres cela que c'ait eté un homme deguiſé en *Jacobin* qui ait fait le coup, vous ne pouvez pas aſſeurer que le change d'habit ne s'eſt pas fait à *Paris* où il etoit tres aiſé de ſe deffaire de *Jaques Clement* pendant le trouble qui y etoit, & ſe ſervir de ſon habit pour en reveſtir l'aſſaſſin.

Vous citez apres cela un ouy dire de Madame *d'Antragues* mere de Mr. le Duc *d'Angouleſme* laquelle a dit comme vous l'avancez à cent perſonnes encore vivantes que le Regicide de *Henry III.* n'etoit pas un *Jacobin*, mais un autre qu'elle ſcavoit de ſcience certaine & qu'elle n'oſoit nommer.

Le temoignage de cette Dame & celuy du valet de pied, ne s'accordent pas entierement, le valet de pied a declaré, à ce que vous dites, que c'etoit un homme deguiſé en *Jacobin* qui avoit fait le coup, & cette Dame a dit, comme vous le pretendez, que ce n'etoit pas un *Jacobin*, mais un autre qu'elle n'oſoit nommer.

Cette Dame ne devoit point craindre de nommer celuy qui fut tué aux pieds du Roy apres la bleſſure de ce Prince, puis qu'il etoit hors d'etat de ſouffrir & que ce ne pouvoit eſtre que quelque malheureux vaurien & de nulle conſequence, ainſy il faut que la perſonne qu'elle n'oſoit nommer fut encore vivante & en quelque credit, car il il n'y a que ces considerations qui ayent pu faire taire une femme qui croyoit sçavoir tout le mystere de cette affaire.

Mr. de *la Guesle* que vous faittes soupçonner le plus, etoit mort en 1612. vingt six ans avant cette Dame, il n'est pas possible qu'elle ait gardé un secret si longtemps & qu'elle ne l'ait pas mesme dit au Duc *d'Angoulesme* son fils, ce Duc nous a laissé des Memoires, qui sont imprimez, où bien loin de faire aucun doute là dessus il rapporte *qu'allant voir le Roy qui etoit blessé; il vit le spectacle horrible de ce Demon* (qui avoit blessé le Roy) *lequel avoit eté jetté par les fenestres*, & adjoute ensuitte, *que le Roy, d'une voix & d'une parolle fort ferme, contoit à tous les Princes & Seigneurs qui etoient en sa chambre la façon avec laquelle ce malheureux l'avoit approché.*

Vous voyez par ce recit que le Roy mesme etoit persuadé que c'etoit le *Jacobin* où l'homme habillé en *Jacobin* qui l'avoit blessé, puis qu'il le racontoit d'une voix ferme aux Princes & Seigneurs qui etoient en sa chambre: j'adjouteray que ce Roy etoit lors en tres bon sens, on en peut juger par la tres fervente & tres devote priere qu'il composa sur le champ & prononça tout haut, laquelle Mr. le Duc *d'Angoulesme* rapporte toute entierre dans ses Memoires.

Enfin pour prouver que c'est le *Jacobin* qui a fait le coup, il n'y a qu'à voir le certificat, donné le 3. Aoust 1589. par ce mesme Duc *d'Angoulesme* lors grand Prieur de *France* le Duc *d'Epernon* plusieurs autres Seigneurs & premiers Officiers du Roy imprimé à la suitte du journal de *Henry III.* * par le-

* Cy devant p. 118.

lequel ils atteſtent, avec offre de le ſigner de leur ſang, *que le Roy étoit mort d'une bleſſure par luy receue avec toute la felonie & acte pluſque barbare & ſi deteſtable, qu'à peine la poſterité le pourra croire, attendu* la profeſſion du malfaiteur, *& la bonté & la pieté de ſa Majeſté envers ceux de ſon Ordre.*

Ces dernieres paroles oſtent tout le doute que l'on pourroit ſe former qu'un autre qu'un *Jacobin* ait fait le coup & le temoignage poſitif de tant de Seigneurs, entre leſquels ſe trouve *Roger de St. Lary* depuis Duc de *Bellegarde* qui étoit dans la Chambre quand le Roy fut bleſſé, doit l'emporter ſur la revelation pretendue d'un valet de pied inconnu, & les contes d'une vieille Dame de Cour qui avoit peut-eſtre des intereſts & des veues pour parler miſterieuſement comme on dit qu'elle a fait.

ARTICLE XXIV.

Où il eſt traitté de la conſervation de l'Ordre de St. Dominique *en* France *apres un coup ſi execrable imputé à un de ſes Religieux.*

JE trouve mon R.P. que vous faittes bien d'inſinuer que l'on doit s'etonner de ce que l'Ordre de *St. Dominique* a eté conſervé en *France* apres le coup de *Jaques Clement*, les *Jeſuites* en ont eté bannis pour le coup de *Jean Chatel* & certainement l'Ordre de *St. Dominique* n'en avoit pas moins merité, puiſque le coup de *Jaques Clement* etoit celuy de tout ſon Ordre, comme l'a fort bien remarqué Mr. *Bayle* dans ſon dictionnaire hiſtorique en parlant du Roy *Henry III.*

Si les choses n'ont pas eté comme elles l'auroient dû estre, ne l'attribuez qu'à la division qui regnoit pour lors dans le Royaume, la maison de *Lorraine* & toute la ligue entierre transportée de joye du meurtre du Roy *Henry III.* que l'on regardoit comme un coup favorable du ciel, n'avoit garde de demander que tout vostre Ordre fut puni pour un coup aussy execrable, au contraire les parens du malheureux executeur étoient recompensez & on rendoit à ce Regicide des honneurs approchans de ceux dûs à la Divinité.

Il n'y avoit donc rien à craindre pour vos Peres dans toutes les villes tenues par la ligue, au contraire ils y etoient regardez de bon œil comme ayans eu quelque part à l'assassinat du Roy, à l'egard des villes tenues par le Roy *Henry IV.* il auroit eté trop dangereux pour ce Prince d'en vouloir chasser un Ordre qui ne l'avoit pour lors que trop merité.

La premiere Religion du Roy *Henry IV.* avoit empesché qu'il n'eut eté universellement reconnu pour Roy de *France*, s'il avoit voulu chasser les *Jacobins* de son Royaume en punition de la mort du feu Roy. Ses ennemis n'auroient pas manqué de donner un autre objet, à cet acte de justice, & à publier hautement qu'il le faisoit moins pour venger la mort violente du Roy son predecesseur, que pour eteindre la Religion Catholique; qu'il commençoit par chasser les *Jacobins*, qu'il chasseroit ensuitte tous les autres Ordres Religieux, que l'assassinat du Roy etoit le premier pretexte dont il se servoit, & qu'il en trouveroit dans la suitte plusieurs autres pour par-

parvenir petit à petit à l'execution de ses desseins.

Vous ne sçauriez disconvenir que les *Jacobins* residens dans les villes ligueuses ont non seulement continué de se montrer en public apres l'action horrible de *Jaques Clement* mais mesme qu'ils s'y sont fait honneur de cet execrable assassinat.

Ils furent regardez d'une autre maniere dans les villes qui tenoient le party du Roy, on ne parla pas moins que de les chasser entierement du Royaume, ou de faire habiller le boureau en *Jacobin*, c'est la notte d'infamie dont vous parlez dans cet article, & que l'on proposa d'attacher à vostre habit.

La difficulté d'executer ces resolutions & les suittes qu'elles pouvoient avoir arresterent le coup, le Roy *Henry IV.* eut tant d'affaires sur les bras que la punition de *Jaques Clement* & de son Ordre fut remise à un autre temps, les *Jacobins*, qui avoient de grands sujets de craindre, furent assés heureux pour estre compris dans l'amnistie que le Roy voulût bien accorder, aux *Carmes*, *Augustins*, *Cordeliers*, *Jesuites*, & autres Ordres Religieux qui s'estoient revoltez contre luy.

C'est à cette amnistie, trop religieusement observée à vostre egard, que vous devez la conservation de vostre Ordre, sans cela on auroit pu vous traitter sans injustice, comme on a depuis fait les *Jesuites* pour le coup de *Jean Chatel*, & si la chose s'etoit faitte pour lors, peut-estre n'auriez vous pas eu assez de credit pour estre retablis dans le Royaume ainsy que les *Jesuites* l'ont eté.

Ne

Ne croyez pas encore un coup mon R. P. que tout ce que j'ay dit à ce sujet, soit en haine de vostre Ordre; je vous ay assuré au commencement de cet ecrit & je vous le proteste une seconde fois que je le respecte & l'honore & que je n'ay eté porté à ecrire, sur un si desagreable sujet, que pour soutenir la verité de notre histoire qui ne m'a pas permis de souffrir que vous ayez songé à disculper vostre confrere *Jaques Clement* & rejetter sur un autre la notte d'infamie qui doit rejallir sur les successeurs de tous ceux qui ont trempé dans un assassinat, que l'on ne pourra jamais trop detester.

LE DISCOURS VERITABLE Fait par un Jacobin *sur la mort du Roy* Henry III. *a été si souvent cité dans le Traitté precedent qu'il est necessaire de l'adjouter à la fin de ce Recueil comme une preuve authentique de la verité de ce fait.*

Discours veritable de l'estrange & subite mort de *Henry de Valois*, advenuë par permission divine, luy estant à *St. Clou*, ayant assiegé la Ville de *Paris*, le Mardy premier jour d'Aoust 1589.

Par un Religieux de l'Ordre des Jacobins.

Cette piece a été imprimée à Troyes par Jean Moreau M. Imprimeur, prés Nostre Dame en 1589. avec Permission.

IL n'y a celui d'entre nous qui ne soit certain, avec suffisante & deplorable espreuve du mal que *Henry de Valois* pendant son regne a procuré à ses subjets, principalement à ceux qu'il a cogneu estre bons & fideles Catholiques, & par consequent amateurs de la vertu & du bien public, & ennemis des he-

heretiques & politiques de ce Royaume, qu'il a preferez à Dieu, à l'Eglise, & à son honneur. Nul aussi ne peut ignorer le vomissement de sa rage exercée sur les villes qu'il a prises de forces, à costé de ses semblables, où les hommes, les femmes & enfans, nommement les hommes d'Eglise ont souffert mort cruelle & ignominieuse. Les filles encor en bas aage, & les Religieuses ont esté violées, les femmes forcées, les Eglises & Images rompues, canonnées & mises en derision, la petite substance du pauvre peuple pillée, & le Sacrement de l'Autel (ô chose diabolique & barbare!) foullé & pillé aux pieds. De façon que continuant tels massacres, il s'est fait maistre & Tyran tout ensemble, *d'Estampes*, de *Pontoise*, de *Poissy*, du pont *St. Clou*, & de la pluspart des villages circonvoisins, desirant entre autres choses jouir de la ville de *Paris*, à laquelle il vouloit mal de mort. A quoy nostre Dieu desirant remedier, en heure & temps, pour le soulagement de son pauvre peuple, a mis tel ordre, qu'il luy a monstré combien les forces divines surpassent les humaines, & qu'il sçait d'un petit soufflet succomber ses plus furieux adversaires, ainsi que pourrez comprendre par le discours suivant.

Un jeune Religieux *Jacobin* à *Sens*, aagé seulement de 22. à 23. ans, natif de Sorbonne prés de *Sens*, & ayant l'ordre de Prestrise, cognoissant la tirannie de laquelle usoit envers son peuple ledit *Henry de Valois*, & que pour quelque excommunication que l'on eust jettée contre luy, il ne se desistoit de ses meschancetez, & de plus en plus se preparoit à la totale ruine & combustion du Royaume de *France*, commence à part soy à se douloir

loir de telles impietez, & à deplorer la calamité du peuple, qui ne pouvoit avoir que perte, tourment, & ennuy soubs un tel Roy, & en telles pensées se minoit & consommoit ordinairement, suppliant Dieu d'estendre sa misericorde sur les pauvres affligez, qui luy tendoient les mains, & leur envoyer secours de là haut, confondant l'ennemi qui les oppressoit.

De façon que Dieu exauçant la priere de cestuy son serviteur, nommé *Frere Jaques Clement*, une nuict comme il estoit en son lict, luy envoye son Ange en vision, lequel avec grande lumiere se presente à ce Religieux, & luy monstrant un glaive nud, luy dist ces mots. Frere Jaques, *je suis messager du Dieu tout-puissant qui te viens acertener que par toy le Tyran de France doit être mis à mort. Pense donc à toy, & te prepare comme la Couronne de martyre s'est aussi preparée.* Cela dit la vision se disparut, & le laissa resver à telles paroles veritables. Le matin venu, Frere *Jaques* se remet devant les yeux, l'apparition precedente, & douteux de ce qu'il devoit faire, s'adresse à un sien amy aussi Religieux, * homme fort scientifique, & bien versé en la saincte escriture, auquel il declare franchement sa vision, luy demandant d'abondant, si c'estoit chose desagreable à Dieu de tuer un Roy, qui n'a ni Foi ni Religion, & qui ne recherche que l'oppression de ses pauvres subjets, estant alteré du sang innocent, & regorgeant en vices autant qu'il est possible. A quoy l'honeste homme fist responce, que veritablement il nous estoit deffendu de Dieu estroitement d'estre homicides : Mais d'autant, que le Roy qu'il entendoit, estoit un homme distraict

* Ce fut au Pere Bourgoing son Prieur. *Hist. de Matignon*, pag. 275.

ſtraict & ſeparé de l'Egliſe, qui bouffoit de tyrannies execrables, & qui ſe determinoit d'eſtre le fleau perpetuel & ſans retour de la *France*; il eſtimoit que celuy qui le mettroit à mort, comme fiſt jadis *Judith* un *Holoferne*, feroit choſe ſaincte & tres-recommendable, attendu qu'il delivreroit un grand peuple de l'oppreſſion tyrannique d'icelui, & le mettroit en liberté, du moins aſſeuré de ne vivre plus ſoubs ſon joug dur & incompatible, ne plus ne moins, que le peuple d'Iſraël fut delivré de la main de *Pharaon*, lors qu'il fut avec tout ſon exercite couvert des flots de la Mer, Que meſmes au cas que celuy qui executeroit un ſi bon œuvre, fut mis à mort (comme à peine y pourroit-il faillir,) il ſeroit bien-heureux, veu le bon & ſaint zele qui l'auroit meu à ce faire n'eſtant corrompu ni d'affection mauvaiſe, ni par argent, ni par autres moiens communs aux vicieux: Leſquelles paroles furent ſi agreables à Frere Jaques, que deſlors il propoſa de donner ſa vie en proye, aux charges de faire mourir Henry de *Vallois*. Eſtant donc reſolu, il fait par pluſieurs jours, jeuſnes & abſtinences au pain & à l'eau, ſe confeſſe, ſe fait communier, & recevoir le precieux corps de noſtre Sauveur Jeſus-Chriſt; ſe diſpoſant * comme un homme qui va rendre ſon ame à Dieu. Enfin, aprés avoir mis ordre à nettoyer & purger ſon ame, il regarde comment, & par quel moyen il viendroit à bout de ſon deſſein. Et pour le plus expedient, il arreſte d'aller par devers un Seigneur, duquel pour autant qu'il eſt aſſez cogneu, je tairay le nom †, afin de tant faire qu'il aye lettres addreſſantes à *Henry* de *Vallois*, & par ce point avoir entrée en ſa chambre. Les Miſſives lui ſont baillées, ſignées, & cachetées de ce Seigneur favory & mignon du Roy, auquel il promect de

* Quelle profanation de tout ce qu'il y a de plus ſaint pour commettre un crime execrable.

† Ce Seigneur étoit Achille de Harlay premier Preſident au Parlement qui eut le malheur d'etre ſurpris par un Moine endiablé.

les faire tenir seurement & sans aucune communication. Et sorty qu'il fut de la presence dudit Seigneur ; fait provision d'un couteau long, bien tranchant, & fort pointu ; lequel il met en sa manche, & ayant pris congé de qui bon lui sembla ; s'en alla à *S. Clou* ; où pour lors estoit Henry de *Vallois*, avec son camp, duquel estoit Lieutenant general le Roy de *Navarre* : Quand ce bon Religieux se veid au lieu, qu'il devoit faire espreuve de sa personne, sans reboucher aucunement, après avoir prié Dieu, de conduire † sa main & sa haute entreprise ; d'un virille cœur & vertueux, il s'adresse aux gardes du corps du Roy, & les supplie, Mardy matin que l'on comptoit le premier jour d'Aoust 1589. d'avertir le Roy ; qu'il y avoit un Jacobin, qui necessairement desiroit de communiquer avec luy choses d'importances, & bailler une missive à sa Majesté, laquelle il ne pouvoit faire tenir par autre main que par la sienne, estant envoyée de la part d'un sien serviteur qu'il avoit sur toutes choses en recommendation. Le Capitaine des gardes, pour ne se monstrer negligent au service de son Maistre, va incontinent vers iceluy, & luy fait entendre l'envie du Jacobin, ce que le Roy trouva fort bon, & commanda que sans delay, on le laissast entrer pour ouïr ce qu'il diroit. Suivant ce commandement Frere Jaques est conduit en la chambre du Roy, en la maison de *Gondy*, Evesque de Paris, audit *S. Clou*, où estoit logé ledit Sieur, qui se venoit de lever & s'habilloit, ayant lors endossé un pourpoint de chamois, attendu que sur iceluy il mettoit ordinairement le corps de cuirasse. Quand le Religieux void le Roi ; il se prosterne à genoux humblement devant luy, & tenant sa missive

† Dieu ne conduit point ces sortes de coups mais il permet qu'ils arrivent, pour des raisons inconnues aux hommes. *Quis novit scientiam iræ Dei.*

missive en sa main, l'asseure qu'elle luy est envoiée de la part de ce Seigneur son serviteur, lequel ne s'est voulu fier à autre qu'à luy, pour la consequence du faict. Le Roi aise au possible de oüir telles nouvelles luy commande d'aprocher, ce que fait le Religieux, & ayant baisée la missive, luy baille icelle, & par mesme moyen du couteau qu'il tenoit prest en sa manche luy donne tel coup dans le ventre, que les boyaux en sortoient avec le sang en grande effusion. Le Roy, à la chaude voyant l'ombre du couteau, avoit paré de la main, qui fut un peu offencée, mais elle n'empescha l'impetuosité du coup, rué à plomb, & de toute la force du Religieux. Au moyen dequoi se sentant ainsi blessé, se ruë, de telle vivacité sur le Religieux, qu'avec le couteau mesme, en eux maniant, ledit Religieux fut offencé au visage, & à l'instant tué de divers coups, par les gardes de Henry de *Valois* : puis ce pauvre Religieux est despoüillé, & mis nud, à la veuë de tout le peuple, pour sçavoir si personne le pourroit cognoistre : car (disoient-ils) il peut bien estre que les Ligueurs ont fait habiller quelque soldat en Moyne, pour perpetrer un tel homicide, par quoy il le faut laisser quelque tems en veuë, pour veoir si on le cognoistra. † Cependant Henry de *Valois* est couché, pensé, & medicamenté le mieux qu'il est possible, tellement que par tout son camp, vers le midy l'on asseuroit qu'enfin il se porteroit bien, & n'auroit que le mal. Mais ils furent tous estonnez que le Mecredy ensuivant, second jour dudit mois d'Aoust, sur les deux heures du matin, le bon corps attaint d'une forte fievre, se laissa saisir par la Parque ; & se recommandant à son grand amy d'*Espernon* ; & au Roy de *Navarre*, rendit l'es-

† Le Jacobin qui a fait ce discours convient de l'exposition du corps du parricide qui fut reconnu pour ce qu'il estoit Voyez cy devant page 484.

l'esprit sans entrer dans Paris par une brefche, comme il avoit deliberé.

Les nouvelles de cette prompte mort, furent incontinent semées par tout le camp, & d'Espernon de se contrister & pleurer comme un veau, & Messieurs de la garde de se regarder l'un l'autre les bras croisez, & les Politiques qui avoient faict saller leurs Estats pour les mieux conserver, de demeurer estonnez, & les *Suisses* de boire, & ceux qui pensent succeder à la Couronne de rire en cœur, & faire au reste bonne mine à mauvais jeu, maudissant les Ligueurs, & encore plus le pauvre *Jacobin*, qui tout mort est tiré à quatre chevaux, & bruslé par aprés. Je vous laisse à penser le mal qu'il enduroit étant ainsi traicté après sa mort. Son ame cependant ne laisse de monter au Ciel avec les Bienheureux. De celle de Henry de *Vallois*, je m'en raporte à ce qui en est, & en laisse le jugement à Dieu.

Voyla (Messieurs) en bref le Discours de la mort de *Henry* de *Vallois*, & comme oportunement ce pauvre Religieux, s'est employé à nostre delivrance, ne craignant de mourir pour mettre l'Eglise & le peuple en liberté; Je prie Dieu qu'ainsy advienne de tous ceux qui sont contraires à la Loy Catholique, & qui maintenant contre droict, nous tiennent assiegez. Ainsi soit-il.

TA-

Figure de Jaques Clement telle qu'elle est representeé dans le livre de son Martire imprimé en 1589.

TABLE

a

ce

JOURNAL

www.ingramcontent.com/pod-product-compliance
Ingram Content Group UK Ltd.
Pitfield, Milton Keynes, MK11 3LW, UK
UKHW021820190726
13853UKWH00003B/1086

9 782329 562070